Bildungsökonomie

Claude Diebolt · Ralph Hippe ·
Magali Jaoul-Grammare

Bildungsökonomie

Eine Einführung aus historischer Perspektive

Claude Diebolt
BETA/CNRS, Faculty of Economics
Université de Strasbourg
Strasbourg
Frankreich

Magali Jaoul-Grammare
BETA/CNRS, Faculty of Economics
Université de Strasbourg
Strasbourg
Frankreich

Ralph Hippe
Europäische Kommission, Joint Research Centre (JRC)
Ispra
Italien

Die Darstellung von manchen Formeln und Strukturelementen war in einigen elektronischen Ausgaben nicht korrekt, dies ist nun korrigiert. Wir bitten damit verbundene Unannehmlichkeiten zu entschuldigen und danken den Lesern für Hinweise.

ISBN 978-3-658-16146-0   ISBN 978-3-658-16147-7 (eBook)
https://doi.org/10.1007/978-3-658-16147-7

Die Deutsche Nationalbibliothek verzeichnet diese Publikation in der Deutschen Nationalbibliografie; detaillierte bibliografische Daten sind im Internet über http://dnb.d-nb.de abrufbar.

Springer Gabler
© Springer Fachmedien Wiesbaden GmbH 2017
Das Werk einschließlich aller seiner Teile ist urheberrechtlich geschützt. Jede Verwertung, die nicht ausdrücklich vom Urheberrechtsgesetz zugelassen ist, bedarf der vorherigen Zustimmung des Verlags. Das gilt insbesondere für Vervielfältigungen, Bearbeitungen, Übersetzungen, Mikroverfilmungen und die Einspeicherung und Verarbeitung in elektronischen Systemen.
Die Wiedergabe von Gebrauchsnamen, Handelsnamen, Warenbezeichnungen usw. in diesem Werk berechtigt auch ohne besondere Kennzeichnung nicht zu der Annahme, dass solche Namen im Sinne der Warenzeichen- und Markenschutz-Gesetzgebung als frei zu betrachten wären und daher von jedermann benutzt werden dürften.
Der Verlag, die Autoren und die Herausgeber gehen davon aus, dass die Angaben und Informationen in diesem Werk zum Zeitpunkt der Veröffentlichung vollständig und korrekt sind. Weder der Verlag, noch die Autoren oder die Herausgeber übernehmen, ausdrücklich oder implizit, Gewähr für den Inhalt des Werkes, etwaige Fehler oder Äußerungen. Der Verlag bleibt im Hinblick auf geografische Zuordnungen und Gebietsbezeichnungen in veröffentlichten Karten und Institutionsadressen neutral.

Lektorat: Annika Hoischen

Gedruckt auf säurefreiem und chlorfrei gebleichtem Papier

Springer Gabler ist Teil von Springer Nature
Die eingetragene Gesellschaft ist Springer Fachmedien Wiesbaden GmbH
Die Anschrift der Gesellschaft ist: Abraham-Lincoln-Str. 46, 65189 Wiesbaden, Germany

Vorwort

Vor dem zweiten Weltkrieg war der Begriff der Bildungsökonomie so gut wie unbekannt. Der ungewöhnliche Aufschwung, den dieser Zweig der Wirtschaftswissenschaften seit 1945 genommen hat, lässt es ratsam erscheinen, Probleme des Bildungswesens erst zu betrachten, nachdem man sich zuvor über die tieferen Ursachen dieses Phänomens Klarheit verschafft hat.

Zwar ist es in der Geschichte der Wissenschaften fast immer so gewesen, dass den neu erschlossenen Forschungsgebieten erhöhte Aufmerksamkeit geschenkt wurde. Das lässt sich leicht durch den Drang der Wissenschaftler erklären, alte ausgetretene Pfade zu verlassen und sich neuen, wenig erforschten Gebieten zuzuwenden. Aus diesem Grund ist es an sich nicht verwunderlich, dass sich die Bildungsökonomie in verhältnismäßig kurzer Zeit einen breiten Raum erobert hat und dass die Durchdringung des Bildungswesens mit ökonomischen Fragestellungen ständig weiter voranschreitet, zumal diese Probleme nicht nur von theoretischem Interesse, sondern von unmittelbarer praktischer Bedeutung sind. Aber die Tatsache, dass die ökonomischen Aspekte des Bildungswesens erst in allerjüngster Zeit zum Gegenstand intensiver Forschung geworden sind, muss nachdenklich stimmen. Denn seit die politische Ökonomie als systematische Wissenschaft besteht, haben sich die Ökonomen immer wieder auch mit Fragen der Ausbildung befasst.

Der zweite Weltkrieg löste eine Fülle von Erfindungen aus, die nach technischer und marktmäßiger Verwertung strebten. Dadurch wurde in den industrialisierten Ländern eine Entwicklung beschleunigt, die heute mit der zunehmenden Verwissenschaftlichung aller Lebensbereiche ihren vorläufigen Höhepunkt erreicht hat. Es ist klar, dass es im Zuge dieser Entwicklung einer hohen Anzahl ausgebildeter (insbesondere technisch ausgebildeter) Arbeitskräfte bedurfte.

Auf der anderen Seite begannen innerhalb der *kommunistischen* Welt die ausbildungspolitischen Maßnahmen, die sich auf die von Karl Marx erhobenen Forderungen gründeten, trotz aller Fehlschläge unverkennbar ihre Früchte zu tragen. Die *kapitalistische Welt* konnte und durfte hier nicht zurückbleiben. Der "Sputnik-Effekt" von 1957 führte in den USA zu einer starken Expansion des Bildungswesens, da man das forciert ausgebaute Bildungssystem der Sowjetunion dafür verantwortlich machte, dass die UdSSR einsatzfähige Interkontinentalraketen besaß und trotz weit geringerer Kapitalausstattung die USA auf einigen wichtigen Gebieten überholt hatte.

Bildungsökonomische Modelle, und insbesondere die *Human Capital Theory*, fanden plötzlich das starke Interesse auch der politischen Entscheidungsträger und wurden zur Grundlage selbst überstaatlicher Wirtschaftsplanung. Hinzu kam schließlich als dritter Grund, dass in einigen Ländern mit rasch wachsender Bevölkerung das Bildungs- und Ausbildungssystem unversehens vor neue und schwierige Aufgaben gestellt wurde. Der zunehmende Druck der Bevölkerung, die in die Schulen und Hochschulen drängte, erforderte ungewöhnlich hohe Investitionsausgaben, die allein schon aus Gründen der Größenordnung eine vorausschauende und planende Gestaltung des Bildungssystems notwendig machten.

Indessen waren es nicht nur praktische Probleme, durch die das Interesse der Ökonomen an Fragen der Ausbildung geweckt wurde. Ein entscheidender Anstoß kam durch die moderne Theorie des wirtschaftlichen Wachstums. Ausgelöst durch einige vielbeachtete Veröffentlichungen Mitte der 80er Jahre erfährt die Wachstumstheorie in jüngster Zeit eine erstaunliche *Renaissance*. Die allerneuesten Forschungen zum Thema Bildung, Demographie und Wachstum erfolgen jedoch seit Ende der 90er Jahre unter dem Stichwort *Unified Growth Theory*.

Dieses Buch ist eine kurze Einführung zur Bildungsökonomie!

Claude Diebolt
Ralph Hippe
Magali Jaoul-Grammare

Haftungsausschluss: Die zum Ausdruck gebrachten Standpunkte sind ausschließlich die der Verfasser und sind nicht als offizielle Stellungnahme der Europäischen Kommission anzusehen. Der größte Teil des Buchinhalts wurde vor Ralph Hippes derzeitiger Stelle bei der Europäischen Kommission verfasst.

Übersicht

1 Einleitung 1
2 Die traditionelle Humankapitaltheorie 5
3 Die konkurrierenden Humankapitaltheorien 15
4 Die Arbeitsmarkttheorien 31
5 Die Sichtweise der Soziologen 35
6 Die Theorien der Anziehungskraft des Arbeitsmarkts 49
7 Hochschulsektor und Gleichheit 59
8 Die endogenen Wachstumstheorien 67
9 Langfristiges Wachstum und Bildung 85
10 Fazit 101

Inhaltsverzeichnis

1 Einleitung.. 1
   Literatur... 3
2 **Die traditionelle Humankapitaltheorie**........................ 5
   2.1 Die theoretischen Auswirkungen der Humankapitaltheorie........ 6
        2.1.1 Die Bildungsnachfrage.............................. 6
        2.1.2 Das Einkommens- und Einkommensverteilungs-Modell.... 6
   2.2 Die Empirischen Befunde für die Humankapitaltheorie........... 8
        2.2.1 Der allgemeine Einfluss der Bildung auf das
              Wirtschaftswachstum................................ 8
        2.2.2 Die Beziehung Bildung/Produktivität................. 9
        2.2.3 Die Beziehung Produktivität/Einkommen............... 9
        2.2.4 Die Korrelation Einkommen/Bildung................... 9
   2.3 Die Ertragsraten der Bildung.................................. 9
   Literatur... 11
3 **Die konkurrierenden Humankapitaltheorien**.................... 15
   3.1 Die Filterhypothese... 15
        3.1.1 Das Modell der statistischen Diskriminierung
              von Phelps (1972).................................. 15
        3.1.2 Das Signaling-Modell von Spence (1973).............. 16
        3.1.3 Das Modell der Arbeitskräftewarteschlange:
              Thurow (1972)...................................... 16
        3.1.4 Die Filtertheorie (Arrow, 1973) und die
              „Credentialing-Theorie" (Berg, 1970)................ 19
   3.2 Die Effizienzlohn-Theorie (Akerlof, 1984)..................... 26
   3.3 Die Theorien des heterogenen Arbeitsmarktes................... 27
        3.3.1 Die Analyse der Segmentierung des
              Arbeitsmarktes: Cain (1976)........................ 27
        3.3.2 Die Hypothese der internen Arbeitsmärkte von
              Doringer und Piore (1971).......................... 28

3.4 Die „job competition"-Theorie (Thurow, 1975) 28
3.5 Die Radikalen Theorien 29
Literatur. 30

4 Die Arbeitsmarkttheorien 31
4.1 Die Informationstheorie (Stigler, 1961). 31
4.2 Die Theorie der Arbeitssuche. 32
4.3 Die Theorie der impliziten Arbeitsverträge (Azariadis, 1975) 32
Literatur. 33

5 Die Sichtweise der Soziologen 35
5.1 Die Theorie der „Auslesebedingungen" (Lévy-Garboua, 1976) 35
5.2 Die Modelle von B. Lemmenicier (1977) 40
    5.2.1 Die „Erkundungstheorie". 41
    5.2.2 Das Hedonismusmodell 43
Literatur. 47

6 Die Theorien der Anziehungskraft des Arbeitsmarkts 49
6.1 Freemans Spinnweb-Theorie 50
6.2 Die „Übersättigungstheorie" (Diebolt, 2001) 51
Literatur. 58

7 Hochschulsektor und Gleichheit 59
7.1 Das Modell von R. Boudon (1973) 59
7.2 Die räumlichen Disparitäten im Bildungssektor 62
Literatur. 64

8 Die endogenen Wachstumstheorien. 67
8.1 Das AK-Modell: Rebelo (1991). 68
8.2 Bildung als Motor des sich selbst tragenden
Wirtschaftswachstums 69
    8.2.1 Das Lucas-Modell (1988) 69
    8.2.2 Das Modell von Azariadis und Drazen (1990) 73
8.3 Das von den Forschungs- und Entwicklungsaktivitäten
produzierte Wissen: Das Romer-Modell (1990) 76
8.4 Die anderen Quellen des endogenen Wachstums:
Das *learning by doing* und die öffentliche Infrastruktur 79
8.5 Der Stand der empirischen Befunde 80
Literatur. 82

9 Langfristiges Wachstum und Bildung. 85
9.1 Unified Growth Theory 86
    9.1.1 Grundzüge der Theorie 87
    9.1.2 Empirische Befunde und Erweiterungen 89
9.2 Empirische Bildungsentwicklung Europas 90
    9.2.1 Empirische Messung 90
    9.2.2 Die langfristige regionale Bildungsentwicklung Europas . . . 93
Literatur. 99

10 Fazit 101

Abbildungsverzeichnis

Abb. 5.1　Kosten und zusätzlicher Gewinn eines
　　　　　Studienjahres. Quelle: Lemennicier, 1977 42
Abb. 6.1　Veränderung der Studentenanzahl im Zeitverlauf.
　　　　　Quelle: Diebolt (2001) 52
Abb. 6.2　Verallgemeinerung für alle Studienrichtungen.
　　　　　Quelle: Diebolt (2001) 53
Abb. 6.3　Übersättigungsschema. Quelle: Diebolt (2001). 57
Abb. 7.1　Bildungsstufen. Quelle: Goux und Maurin (1995) 61
Abb. 7.2　Baum der Bildungslaufbahn. Quelle: Jaoul (2004). 61
Abb. 9.1　Weltweite Alphabetisierungsraten seit 1870. Quelle:
　　　　　Hippe und Fouquet (2015; Übersetzung der Autoren) 91
Abb. 9.2　Alphabetisierung in Europa, 1930. Quelle: Hippe (2013) 93
Abb. 9.3　„Educational attainment", 2010. Quelle:
　　　　　Diebolt und Hippe (2016a) 98

Tabellenverzeichnis

Tab. 3.1   Charakterika der Bewerbergruppen.   17

Kapitel 1
Einleitung

Zusammenfassung Dieses Buch führt den Leser in die Bildungsökonomie in historischer Perspektive ein. Die Kennzeichen und die Entwicklung der Bildungsökonomie werden hervorgehoben, wobei eine Auswahl an Schwerpunkten getroffen wird.

Die Bildungsökonomie ist ein Spezialgebiet der Wirtschaftswissenschaft. Im Allgemeinen untersucht sie die internen Beziehungen zwischen den Bildungsvariablen und die externen Beziehungen zwischen der Hochschulbildung und anderen Faktoren. Ihr Ziel ist es, die mit der Bildung und Verwendung von Qualifikationen innerhalb einer Gesellschaft verbundenen wirtschaftlichen Aspekte einfacher zu verstehen. Aus diesem Grund ist sie systematisch mit anderen Disziplinen verbunden und kann zu unterschiedlichem Grad eine Komplementär- oder Substitutionsbeziehung zu ihnen (wie z. B. der Geschichtswissenschaft, Soziologie, Psychologie) führen. Ihre wichtigsten Anwendungsbereiche sind die Untersuchung der Beziehungen zwischen der Bildung und der Arbeit, der Bildung und der Wirtschaft, der Bildung und der Einkommensverteilung, usw.

Die neueren Arbeiten im Bereich der Wachstumstheorien beschäftigen sich zum Beispiel insbesondere mit dem öffentlichen Sektor und betonen die Rolle der Bildung und der Ausbildung als eine der wichtigsten langfristigen Determinanten des wirtschaftlichen Erfolgs eines Landes. Die Frage nach der Effektivität des Bildungswesens wird zunehmend ein wirtschaftliches Thema; zusätzlich zu seinen sozialen, ethischen, ideologischen und pädagogischen Aspekten – und natürlich den Haushaltsaspekten, die bereits seit langem bekannt sind. Die Untersuchung der internen Effektivität führt zur Betrachtung der pädagogischen, der systemischen und der finanziellen Determinanten der Bildungsergebnisse. Die Untersuchung der externen Effektivität führt zur Betrachtung der Beziehungen zwischen der Bildung und der Qualität des Humankapitals unter Bezugnahme ihrer Auswirkungen auf die Produktivität, das Einkommen und die Bildungsrendite. Trotz zahlreicher Forschungsbeiträge und vieler Hypothesen sind der Inhalt und die Determinanten der internen und externen Effektivität der Bildung immer noch nicht ausreichend klar erfasst.

Hiervon ausgehend ist es nicht Ziel dieses Buches, eine vollständige Übersicht über die Entwicklung der Forschung im Bereich der Bildungsökonomie zu geben. Stattdessen werden verschiedene Forschungsbereiche, insbesondere die Hochschulbildung, näher dargestellt, da sie besonders wegweisend und/oder vielversprechend für die Zukunft sind. In diesem Zusammenhang wird die mikro- und makroökonomische Bedeutung der Hochschulbildung dargelegt.

Jedoch stellt sich zunächst einmal die Frage, welche Konsequenzen sich aus der Bildung für die Individuen ergeben, die sie erhalten – und für die Länder, die sie anbieten und durchführen? Seit Adam Smith, im Jahr 1776, aber vor allem seit den 1960er Jahren wurden bedeutende Arbeiten, insbesondere in der systematischen Theoretisierung durch Mincer (1958, 1974), Schultz (1961), Becker (1964), usw. zu dieser Frage veröffentlicht, welche schließlich zur Humankapitaltheorie führten. Nach dem frühen Elan der Begründer der Theorie hat sie sich in den 70ern nicht viel weiter entwickelt. Erst Mitte der 80er Jahre, hervorgerufen durch die wirtschaftlichen Probleme jener Zeit und die erneut aufgekommenen Fragen nach den Ursprüngen des Wirtschaftswachstums, wurde die ökonomische Analyse der Bildung wieder bedeutender. Die Bildung wird in allen ihrer Ausprägungen (wie der formalen Bildung, Ausbildung am Arbeitsplatz, usw.) untersucht und die Forschungen werden auf alle Aspekte der Entwicklung der Humanressourcen ausgeweitet.

Ursprünglich hat die Humankapitaltheorie die Bildungsausgaben als eine Investition betrachtet, deren Nachfragestruktur und Auswirkungen auf das Wirtschaftswachstum geklärt werden sollten. Die Bildungsausgaben waren ein Faktor der Effektivität, welche die Produktivität erhöhte und über das Niveau und den individuellen Ertrag entschied. Diese Analyse wurde aus unterschiedlichen Richtungen kritisiert (Filtermodell, etc.), wodurch neue Forschungsrichtungen entstanden. Diese haben mit der Untersuchung des Bildungsangebots, der internen Effektivität des Bildungssystems, der optimalen Finanzierung des Ausbildungssystems, der Beziehungen zwischen der Bildung und der Gesundheit und der ökonomischen Analyse der Familie begonnen.

Seit den 80er Jahren hat man sich zudem auch für den Entwurf von Wachstumsmodellen interessiert, welche die verschiedenen Aspekte der Beziehung Bildung/Wirtschaftswachstum besser darstellen. Tatsächlich sollten wir nicht den Einfluss der Bildung eines Individuums auf die wirtschaftliche Aktivität vergessen, die entweder von ihm selbst ausgeht, oder über seine Nachfahren (Time-Lag-Effekt) oder über andere Individuen (Externalitäten). Die wirtschaftliche Aktivität kann ebenfalls einen Effekt auf das Bildungssystem haben oder auf die Art und das Niveau der Bildung. Die Diversität dieser Arbeiten macht es schwierig, einen vollständigen Überblick zu geben. Zudem verbindet dieses Buch die wichtigsten Arbeiten der Humankapitaltheorien, des endogenen Wachstums (sowohl in ihrer orthodoxen Version, als auch in den mit ihr zusammenhängenden Entwicklungen und den Kritiken hierzu), der Unified Growth Theory und die darauf basierenden empirischen Befunde.

Literatur

Becker, G. S. (1964). *Human capital. A theoretical and empirical analysis with special reference to education*. New York: Columbia University Press.

Mincer, J. (1958). Investment in human capital and personal income distribution. *The Journal of Political Economy, 66*, 281–302.

Mincer, J. (1974). *Schooling, experience and earnings*. New York: Columbia University Press.

Schultz, T. (1961). Investment in human capital. *American Economic Review, 51*(1), 1–17.

Kapitel 2
Die traditionelle Humankapitaltheorie

Zusammenfassung Die traditionelle Humankapitaltheorie postuliert eine Beziehung zwischen Bildung, Produktivität und Einkommen. Der Blick richtet sich daher zunächst auf diese Kausalbeziehungen. Darauf aufbauend werden ebenfalls die theoretischen Auswirkungen der Humanapitaltheorie, die empirischen Befunde und sowie die Ertragsraten der Bildung genauer betrachtet.

Die traditionelle Humankapitaltheorie, nach der es eine Beziehung zwischen Bildung, Produktivität und Einkommen gibt, ging aus den ersten Beiträgen von Becker, Schultz und Mincer hervor.

Die Grundannahme dieser Theorie ist, dass die Bildung eine Investition darstellt, die einem Individuum eine Erhöhung seiner Produktivität erlaubt. Sie führt damit auch zu einer Erhöhung seines Einkommens.

Die erste Kausalbeziehung bestimmt, dass die Ausbildung (in allgemeiner oder spezifischer Form) einen positiven Einfluss auf die Produktivität von Individuen ausübt (Becker, 1964).

Die Produktion ist das Ergebnis von dem Zusammenwirken dreier Faktoren:

$$Y = f(K, L, H)$$

K ist physisches Kapital, L ist Arbeit und H ist Humankapital.

Die zweite Kausalbeziehung entstammt der neoklassischen Theorie, laut derer die Annahme des perfekten Wettbewerbs die Entlohnung der Faktoren mit deren Grenzproduktivität vorsieht.

Daraus können drei Beobachtungen abgeleitet werden:

- Die Arbeiter mit der gleichen Grenzproduktivität werden zur gleichen Rate entlohnt.
- Die produktivsten Arbeiter werden am besten entlohnt.
- Die am besten ausgebildeten Arbeiter werden am besten entlohnt und sie sollten ebenfalls die produktivsten sein.

Jedoch wurde u. a. von Maglen (1990) die Verletzbarkeit dieser zweiten Beziehung hervorgehoben, weil der Arbeitsmarkt oft nicht wettbewerbsorientiert ist.

2.1 Die theoretischen Auswirkungen der Humankapitaltheorie

2.1.1 Die Bildungsnachfrage

Damit sich Individuen entschließen, sich zu bilden oder auszubilden, müssen sie die Bildung oder Ausbildung als eine rentable Investition betrachten. Das heißt, sie werden mehr Bildung nachfragen, wenn der antizipierte interne Ertragssatz einer zusätzlichen Bildungseinheit höher ist als der anderer Investitionen zu gleichen Kosten. Die Bildungsnachfrage (BN) besteht daher aus einer steigenden Funktion der zu erwartenden Rentabilität:

$$BN = f(r) \text{ mit } \frac{\partial f}{\partial r} > 0$$

Diese Darstellung wurde von verschiedenen Seiten kritisiert. Zunächst einmal ist die Bildung nicht nur als eine Investition zu verstehen. Sie kann ebenfalls als ein Konsumgut aufgefasst werden (Schultz, 1963). Außerdem werden weitere mögliche Faktoren, die die Bildungsnachfrage beeinflussen könnten, wie die Arbeitslosigkeit, die Region, das Geschlecht (Psacharopoulos und Woodhall, 1988), soziale Faktoren (Anderson, 1983) oder das Scheiter-Risiko (Eicher und Mingat, 1982), nicht in Betracht gezogen.

2.1.2 Das Einkommens- und Einkommensverteilungs-Modell

Da die orthodoxe Humankapitaltheorie zu der Schlussfolgerung kommt, dass die Individuen zu ihrer Grenzproduktivität (das ihrem Humankapital entspricht) entlohnt werden, erscheint die Quantität und Qualität der erworbenen Bildung als eine essentielle Determinante des individuellen Einkommens. Becker (1975) zufolge sind daher die Lohnunterschiede die Konsequenz von Bildungsunterschieden.

Unter den folgenden Annahmen hat Mincer die vorhergehende Beziehung ökonometrisch spezifiziert:

- Alle Individuen haben identische Fähigkeiten und Möglichkeiten, um einen Arbeitsplatz zu begleiten;
- Die Arbeitsplätze benötigen eine unterschiedliche Ausbildungsdauer;

2.1 theoretischen Auswirkungen der Humankapitaltheorie

- Die Ausbildung benötigt Zeit und jedes Ausbildungsjahr führt zu einem um ein Jahr später erfolgendem Einkommen;
- Das Einkommensniveau ist über die Spanne des aktiven Berufslebens stabil.

Daraus folgt, dass sich die den verschiedenen Ausbildungsniveaus entsprechenden jährlichen Einkommen multiplikativ unterscheiden.

Wenn man die erste Annahme in der Weise verändert, dass eine positive Korrelation zwischen der Ausbildungsdauer und den Fähigkeiten der Individuen besteht, werden die lernfähigsten Personen die längste Ausbildung wählen. In diesem Falle hängt das Einkommen von den individuellen Qualitäten ab.

Mincer schlägt zwei komplementäre Formen vor, wie Humankapital erworben werden kann:

- Schulische Investition: Die Annahme, dass das Humankapital nur während der Schulzeit erworben werden kann
- Investition in Berufserfahrung: Wenn man die vorhergehende Annahme erweitert, wird das Individuum während der Dauer seines gesamten Berufslebens in sein Humankapital investieren. Da dessen Erwerb Kosten verursacht, unterscheidet sich der gegenwärtige Lohn vom erwarteten Lohn.

Daher kann man anstatt eines konstanten Lohnniveaus mit dem Alter einen steigenden Lohn beobachten.

Der Lohn steigt solange wie die Nettoinvestition nicht zu einer geringeren Rate als die Ertragsrate der beruflichen Investitionen steigt.

Mit der Annahme eines linearen Fallens der Intensität der professionellen Investitionen und konstanter Renditen dieser Investitionen zeigt Mincer die folgende Beziehung:

$$Ln\,Y = a + b.S + c.E - d.E^2 + v$$

Mit Y ist der Lohn.
S ist die formale Bildung, die Schuldauer.
E ist die Berufserfahrung, gemessen anhand des
Alters des Individuums.

Daraus folgt, dass je höher das allgemeine Humankapital (S) und das spezifische Humankapital (E) sind, desto größer ist *ceteris paribus* der Lohn. Aus diesem Grunde werden die Individuen immer weniger in die Ausbildung während der Dauer ihrer Berufslaufbahn investieren.

Man kann ebenfalls die Tatsache näher beleuchten, dass die Grenzerträge mit dem Volumen der Bildungsinvestitionen schwanken:

$$Ln\,Y = a + b.n + c.n^2 + d.E - e.E^2 + v$$

n ist in diesem Fall die Anzahl der Studienjahre mit einer Grenzertragsrate ($\partial \ln Y/\partial n$) = b + 2cn bei der man erwartet c < 0, wodurch sich fallende Grenzerträge ergeben.

Nach dem Modell gibt die Gehaltsverteilung innerhalb einer Gesellschaft die Bildungsniveaus wieder. Allgemein kann man daher zusammenfassen, dass man die nationalen oder internationalen Einkommensdisparitäten reduzieren muss, um die Unterschiede in Bildungsniveaus zu verkleinern.

Dennoch sind in zahlreichen Ländern, bei einem gegebenen Bildungsniveau, die Gehaltsunterschiede je nach ethnischer Herkunft oder nach Geschlecht über die Zeit gleich geblieben.

Auch wenn der Humankapitaltheorie zufolge die Gehaltsunterschiede zwischen ethnischen Gemeinschaften durch die Unterschiede in der jeweiligen Bildungsquantität und -qualität erklärt werden, so wird der Gehaltsunterschied zwischen den Geschlechtern anhand verschiedener Argumentationen erklärt. Polachek (1978) argumentiert, dass dieser Unterschied ein Resultat einer besonderen Einstellung der Frauen im Bereich des Arbeitsangebots ist. Diese Annahme einer sogenannten Atrophierate besagt, dass diejenigen Individuen, die am Berufsleben diskontinuierlich teilnehmen, sich für eine geringere Humankapitalakkumulation entschieden haben. Goldin (1986) stimmt dieser Annahme zu, wobei sie auf die schnellere Arbeitskraftfluktuation hinweist, die zu geringerem Einkommen der Frauen führen würde. Auf der anderen Seite denkt Becker (1985), dass die Frauen weniger verdienen als die Männer wegen der Wahl von Berufen, die es erlauben, einen Teil ihrer Energie für häusliche Arbeiten zu bewahren. Er stimmt hier mit der Idee von Filer (1986) überein, welcher die Unterschiede der Nutzenfunktion als Grund ansieht.

2.2 Die Empirischen Befunde für die Humankapitaltheorie

Die Humankapitaltheorie und die aus ihr hervorgegangenen Modelle wurden, sowohl in Bezug auf den allgemeinen Einfluss der Bildung auf das Wirtschaftswachstum als auch auf die spezielle Beziehung zwischen z. B. der Bildung und der Produktivität, vielfach empirisch überprüft.

2.2.1 Der allgemeine Einfluss der Bildung auf das Wirtschaftswachstum

Nach den Arbeiten von Schultz (1961, 1962) und Denison (1962), welche zeigten, dass das Wirtschaftswachstum der Vereinigten Staaten zu einem nicht vernachlässigbaren Anteil durch eine Steigerung des Bildungsniveaus der Arbeitskräfte verursacht wurde, verwendeten viele weitere Autoren (Kruger, 1968), (Selowsky, 1969), (Griliches, 1970), (Psacharopoulos, 1973 und 1984), (Daly, 1982), (Jorgenson, 1984),

(Jorgenson und Fraumeni, 1992) usw. ihre Methoden und untersuchten weitere Länder. Während die meisten Ergebnisse dieser Arbeiten mit denen der Wegbereiter der Forschungsrichtung übereinstimmten, unterschieden sie sich doch bezüglich des zeitlichen und räumlichen Untersuchungsrahmens und nach der Wirtschaftskraft des Landes (industrialisierte Länder, Entwicklungsländer). Zudem zeigte Maglen (1990) anhand australischer Daten, dass für die Zeiträume von 1968 bis 1973 und 1973 bis 1979 die Produktivität und das BIP trotz einer Steigerung der allgemeinen Bildungsinvestitionen, gefallen waren.

2.2.2 Die Beziehung Bildung/Produktivität

Die empirischen Befunde zu diesem Thema geben kein klares Bild ab. Während Lockheed et al (1980) und Jamison und Lau (1982) zeigen, dass die Bildung einen positiven Effekt auf die Produktivität der Landwirte hat, erhalten Mook (1981) und Gurgand (1993) gegenteilige Ergebnisse. Weiterhin haben Berg (1970) und Layard et al (1971) verschiedene Wirtschaftszeige untersucht, aber keine klaren Resultate über die Natur der Beziehung zwischen der Bildung und der Produktivität erhalten.

2.2.3 Die Beziehung Produktivität/Einkommen

Zwar gibt es in diesem Bereich weniger Studien als im vorausgegangenen, dafür sind deren Ergebnisse aber eindeutig. Genauer gesagt, schließen Gottchalk (1978), Abrahams und Medoff (1980, 1981), Maranto und Rodgers (1984), Rumberger (1987) und Weiss (1988) auf einen nicht signifikativen Effekt der Produktivität auf das Einkommen der Arbeiter.

2.2.4 Die Korrelation Einkommen/Bildung

Diese ist die meist untersuchte Beziehung der Humankapitaltheorie und wurde von Wagner (1990) und Sofer (1990) bestätigt.

2.3 Die Ertragsraten der Bildung

Die Berechnung von Ertragsraten der Bildung kann als einfacher Weg für die Überprüfung der Humankapitaltheorie benutzt werden. Für die Evaluierung der Humankapitalrentabilität wird allgemein der interne Zinsfuß verwendet. Es handelt sich um den Abzinsungssatz, bei dem sich die Kosten und der Ertrag der Bildung perfekt ausgleichen, oder um die Rate, die den Wert der Bildungsinvestitionen und den alternativer Aktivitäten egalisiert. Während für viele Länder die Bildungsrate für verschiedene Ethnien (Weiße/Schwarze in den Vereinigten Staaten) berechnet wird, so verwendet man im Falle Deutschland und Frankreichs eher die soziale Herkunft.

Wir definieren:

- r als die durchschnittliche Ertragsrate, welche durch eine gegebene soziale Gruppe angestrebt wird;
- n_{lh}, als seine gegebene soziale Gruppe, wobei die Anzahl von Individuen des Studiengangs l einen Erfolgstyp h aufweisen;
- r_{lh}, als die entsprechende Ertragsrate.

In diesem Fall ergibt sich:

$$r = \sum_{l=1}^{L} \sum_{h=1}^{H} \frac{n_{lh}}{nl} r \quad mit \quad n = \sum_{l} \sum_{h} n_{lh}$$

Diese Herangehensweise ist unmöglich insofern es schwer ist, den Schulerfolg zu evaluieren.

Daher werden vereinfachende Annahmen verwendet:
H1: es existiert nur ein Studiengang;
H2: die Studienzeit beläuft sich auf 1 Jahr;
H3: die Hochschuldienstleistung S wird an eine Anzahl von Individuen aus M Gruppen gegeben.

Wir definieren:

- c_i als die Opportunitätskosten der Dienstleistung S für die Gruppe i;
- x_{it} als den zusätzlichen Lohn durch die Bereitstellung der Dienstleistung S an ein Individuum der Gruppe i mit dem Alter t, $t \in [t^o, t^o + T]$;
- T als die aktive Dauer des Berufslebens;
- t_o als die untere Altersgrenze zum Eintritt ins Berufsleben bei Inanspruchnahme von S;
- u_i als die Wahrscheinlichkeit, dass S effektiv für einen Nutzer der Gruppe i ist.

Die öffentliche Hand unternimmt folgende Maßnahmen:

- Sie übernimmt die Produktionskosten der Dienstleistung S mit den Stückkosten p;
- Sie gibt eine Hilfe an den Nutzer der Dienstleistung S je nach seiner Herkunftsgruppe: a_i. Diese Maßnahme wird über die Gebühren oder Steuern finanziert, denen jede Gruppe unterliegt. Die Regel der Nichtzuordnung der fiskalischen Einnahmen erlaubt es nicht, die Beiträge der einzelnen Gruppen zu identifizieren.

Man behält willkürlich einen Teil der Beiträge f_i jeder Gruppe zur Finanzierung der Dienstleistung S ein, die proportional zu den Beiträgen der einzelnen Gruppen zum Staatshaushalt sind.

Das buchhalterische Gleichgewicht der Maßnahmen der Verwaltungen ist dementsprechend:

$$\sum_{i=1}^{M} n_i(p + a_i) = \sum_{i=1}^{M} f_i$$ wo n_i die Anzahl der Nutzer von S der Gruppe i sind.

Die abgezinste Summe zum Zins r der algebraischen Löhne x_{it} während der gesamten Berufslebensdauer eines Individuums der Gruppe i, die S genutzt haben, wird als $y_i(r)$ definiert, sodass:

$$y_i(r) = \sum_{t=t_o}^{t=t_o+T} \frac{x_{it}}{(1+r)^{t-t_o}}$$

Daraus folgt:

- Der interne private durchschnittliche Zinsfuß ist gleich dem Abzinsungssatz q_i, sodass:

$$u_i y_i(q_i) = c_i - a_i;$$

- Der interne Zinsfuß der Gruppe ist gleich dem Abzinsungssatz s_i, sodass:

$$u_i . y_i(s_i) = c_i - a_i + \frac{f_i}{n_i}$$

Mit:

$y_i(r)$ = Summe der abgezinsten Unterschiede zum Zinssatz r zwischen dem Alter/Einkommen;
u_i = Erfolgswahrscheinlichkeit;
c_i = Entgangener Gewinn/Einkommenslücke;
a_i = erhaltene Hilfe;
f_i = Finanzieller Beitrag der Gruppe i zu den betrachteten öffentlichen Ausgaben;
n_i = Anzahl der Nutzer der Gruppe i.

Literatur

Abrahams, K., & Medoff, J. (1980). Experience, performances and earnings. *Quarterly Journal of Economics, 95,* 703–736.

Abrahams, K., & Medoff, J. (1981). Are those paid more really more productive? The case of experience. *Journal of Human Resources, 16,* 182–216.

Anderson, C. A. (1983). *Social selection in education and economic development.* Washington DC: Banque Mondiale.

Becker, G. S. (1964). *Human capital. A theoretical and empirical analysis with special reference to education.* New York: Columbia University Press.

Becker G. S. (1975). *Human capital,* 2. Aufl. Chicago: University of Chicago Press.

Becker G. S. (1985). Human capital, effort and sexual division of labour. *Journal of Labour Economics*, 33–58.
Berg, I. (1970). *Education and jobs: The great training robberry*. Har Monsworth: Penguin.
Daly, A. (1982). The contribution of education to economic growth in britain: A note on the evidence. *National Institute Economic Review, 101*, 48–56.
Denison, E. F. (1962). Education, economics growth and gaps in information. *Journal of Political Economy, 70*, 124–128.
Eicher, J. C., & Mingat, A. (1982). Higher education and employment markets in France. *Higher Education, 11*, 211–220.
Filer, R. K. (1986). The role of personality and tastes in determining occupational structure. *Industrial and Labour Relations Review, 39*, 412–424.
Goldin, C. (1986). Monitoring costs and occupational segregation by sex: A historical analysis. *Journal of Labour Economics, 4*, 1–27.
Gottchalk, P. (1978). A comparison of marginal productivity and earnings by occupation. *Industrial and Labour Relations Review, 31*, 368–378.
Griliches, Z. (1970). Notes on the role of education in production functions and growth accounting. In W. Hanoln (Hrsg.), *Education, income and human capital in income and wealth*, 35. New York: Columbia University Press.
Gurgand, M. (1993). Education et production agricole en Côte d'Ivoire. *Revue d'Economie et du Développement, 4*, 37–53.
Jamison, D. T., & Lau, J. (1982). *Farmer education and farm efficiency*. Baltimore: J. Hopkins University Press.
Jorgenson, D. (1984). The contribution of education to US economic growth 1948–1973. In E. Dean (Hrsg.), *Education and economic productivity*. Cambridge, MA: Ballinger.
Jorgenson, D., & Fraumeni, B.M. (1992). Investment in education and U.S economic growth. *Scandinavian Journal of Economics, 94*, 51–70.
Kruger, A. (1968). Factor endowments and per capita income differences among countries. *Economic Journal, 78*, 641–659.
Layard, R., Sargan, J., Ager, M., & Jones, D. (1971). *Qualified manpower and economic performance*. London: Allen Lane, The Penguin Press.
Lockheed, M., Jamison, D., & Lau, L. (1980). Farmer education and farm efficiency. *Economic Development and Cultural Change, 29*, 36–76.
Maglen, L. R. (1990). Challenging the human capital orthodoxy: The education productivity link Re-examined. *Economic Record, 195*, 281–294.
Maranto, C., & Rodgers, R. (1984). Does work experience increase productivity? A test of on the job training hypothesis. *Journal of Human Resources, 19*, 341–357.
Mook, P. R. (1981). Education and technical efficiency in small-farm production. *Economic Development and Cultural Change, 19*, 723–739.
Polachek, S. W. (1978). Sex differences in college major. *Industrial and Labour Relations Review, Cornell University, 31*, 498–508.
Psacharopoulos, G. (1973). *Returns to education: An international comparison*. Amsterdam: Elsevier.
Psacharopoulos, G. (1984). The contribution of education to economic growth: International comparison. In J. Kendrick (Hrsg.), *International productivity comparisons and the causes of slowdown*. Cambridge, MA: Ballinger.
Psacharopoulos, G., & Woodhall, M. (1988). *L'éducation pour le développement. Une analyse des choix d'investissement*. Paris: Economica.
Rumberger, R. (1987). The impact of surplus schooling on productivity and earnings. *Journal of Human Resources, 22*, 24–50.
Schultz, T. W. (1961). Investment in human capital. *American Economic Review, 51*(1), 1–17.
Schultz, T. W. (1962). Reflections on investment in man. *Journal of Political Economy, 70*, 1–8.
Schultz, T. W. (1963). *The economic value of education*. New York: Clumbia University Press.
Selowsky, M. (1969). On the measurement of education's contribution to economic growth. *Quarterly Journal of Economics, 83*, 449–463.

Sofer, C. (1990). La répartition des emplois par sexe: capital humain ou discrimination. *Economie et Prévision, 92–93*, 77–85.
Wagner, J. (1990). Le test des fonctions de gains: résultats pour cinq pays. *Economie et Prévision, 92–93*, 61–64.
Weiss, A. (1988). High school graduation. Performance and wages. *Journal of Political Economy, 96*, 785–820.

Kapitel 3
Die konkurrierenden Humankapitaltheorien

Zusammenfassung Die traditionelle Humankapitaltheorie war der Grund vieler Kontroversen und führte schließlich zur Weiterentwicklung von verschiedenen, sich konkurrierenden Humankapitaltheorien. Man kann folgende Theorien unterscheiden: Die Filterhypothese, die Effizienzlohn-Theorie, die Theorien des heterogenen Arbeitsmarkts, die „job competition"-Theorie sowie die radikalen Theorien.

Die von der Humankapitaltheorie postulierte kausale Wirkungskette Bildung – Produktivität – Einkommen hat zahlreiche Kontroversen ausgelöst und zu der Entwicklung konkurrierender Theorien geführt. Sie können in mehrere Gruppen eingeteilt werden.

3.1 Die Filterhypothese

Sie hat vier Varianten.

3.1.1 Das Modell der statistischen Diskriminierung von Phelps (1972)

Zunächst für die Erklärung der Unterschiede zwischen den Einkommen der Ethnien und Geschlechter entwickelt, wurde dieses Modell in der Folge auf die ökonomische Analyse der Bildung erweitert.

Die Arbeitgeber gehen davon aus, dass die am meisten gebildeten Arbeiter die produktivsten seien. Sie werden daher die bestbezahlten Arbeitsplätze an die bestausgebildeten Arbeiter geben.

Jedoch handelt es sich um eine Welt mit Unsicherheit, in der die Informationen über die potenzielle Produktivität der Arbeiter Kosten mit sich bringt.

Da die Informationen über die Charakteristiken der Stellenbewerber aber imperfekt sind, werden sich die Arbeitgeber statistischer Indikatoren zur durchschnittlichen Leistung der jeweiligen Bildungskategorie bedienen, um ihre zukünftigen Arbeitnehmer auszuwählen.

Die Entlohnung der Arbeitnehmer wäre daher nicht das Ergebnis der tatsächlichen Produktivität, sondern mehr einer auf Basis des Bildungsniveaus getroffenen Unterscheidung der Arbeitnehmer.

3.1.2 Das Signaling-Modell von Spence (1973)

Wenn man die Annahme trifft, dass es eine positive Korrelation zwischen der Produktivität und der Qualifikation gäbe, dann müssten diesem Modell zufolge die meistgebildeten Arbeitnehmer ein höheres Gehalt erhalten. Dies ist eine alternative Interpretation der Korrelation zwischen Gehalt und Ausbildung, bei der jedoch das Gehalt den durch den akademischen Erfolg an den Arbeitgeber signalisierten Fähigkeiten des Individuums entspricht.

In der Mehrheit der Arbeitsmärkte kennt der Arbeitgeber die Produktionskapazitäten eines Individuums im Moment der Einstellung nicht abschließend. Jemanden einzustellen ist daher dem Kauf eines Lottoscheins gleichzusetzen. Der Preis des Lottoscheins entspricht dabei dem an den Arbeitnehmer zu zahlenden Gehalt.

Auch wenn die Grenzproduktivität des Bewerbers vom Arbeitgeber nicht vor der Einstellung beobachtet werden kann, kann er doch eine Anzahl von typischen Kennzeichen des Individuums (wie Bildung, bisheriger Berufsweg, Strafregister, …) beobachten, wodurch er den Gegenwert des Lotteriepreises einschätzen kann.

Nach der Einstellung entdeckt der Arbeitgeber dann die realen Produktionskapazitäten des Individuums. Aufgrund seiner Erfahrung kann er die Wahrscheinlichkeit der Produktivität unter Berücksichtigung der erhaltenen Signale einschätzen. Diese Signale können daher als Wahrscheinlichkeitsparameter dargestellt werden.

Selbst wenn bestimmte Signale (Geschlecht, Ethnie, …), auch Indizes genannt, nicht von einem Individuum manipuliert werden können, so können die für die Produktivität relevanten Signale jedoch von den Individuen durch entsprechenden Einsatz (z.B. durch Weiterbildung) beeinflusst werden. Die damit verbundenen Kosten sind Signaling-Kosten. Im Fall der Bildung wird ein Individuum dann investieren, wenn es einen ausreichenden Ertrag erwartet.

Um die Differenz zwischen den angebotenen Gehältern und den Signalkosten zu maximieren, treffen die Individuen eine Auswahl zwischen den verschiedenen Signal-Alternativen.

Dennoch, insofern die Signalkosten nicht negativ mit den Produktionskapazitäten korreliert sind, erlaubt das Signal keine Unterscheidung der Bewerber. Das ist Spences Hypothese.

3.1 Die Filterhypothese

Tab. 3.1 Charakterika der Bewerbergruppen

Gruppe	Grenzproduktivität	Bildungskosten für ein Niveau y
I	1	Y
II	2	y/2

Quelle: Spence (1973).

Er trifft die Annahme, dass es zwei Bewerbergruppen für eine Stelle und einen Arbeitgeber gibt.

Die Daten sind wie folgt (siehe Tab. 3.1).

Ohne die Möglichkeit des Signaling werden alle Individuen entsprechend ihrer Durchschnittsproduktivität entlohnt, d. h. sie erhalten ein Gehalt von 1,5. Diese Lösung bevorteilt die Mitglieder der Gruppe I und benachteiligt die der zweiten Gruppe, die in gewissem Sinne die Gruppe I „subventioniert" über die Steigerung der durchschnittlichen Produktivität. Um sich von den Mitgliedern der Gruppe I im Moment der Einstellung zu unterscheiden, haben die Mitglieder der Gruppe II ein klares Interesse daran, Informationen über ihre reale Produktivität zu geben. Daher investieren sie in der Weise in Bildung, dass sie die Nettoerträge ihres Studiums maximieren können. Wenn diese Informationen dem Arbeitgeber vorliegen, wird er ein Gehalt zahlen, dass einer dem Bildungsabschluss entsprechenden Produktivität entspricht. Wenn im Folgenden die Erfahrung nicht den Erwartungen entspricht, wird der Arbeitgeber seine Gehälter entsprecht verändern und die Arbeitnehmer werden ihre Investitionsentscheidungen anpassen.

Im gegenteiligen Fall erhält man ein Signaling-Gleichgewicht, dann und nur dann wenn die Kosten des Erwerbs eines Diploms in dem Maße geringer sind wie die ursprüngliche Produktivität der Arbeitnehmer höher ist.

Nehmen wir die Annahme, dass es für den Arbeitgeber ein Bildungsniveau y^* gibt, sodass für $y < y^*$ die Produktivität gleich 1 und für $y \geq y^*$ die Produktivität gleich 2 ist, und das Ganze mit einer Wahrscheinlichkeit von 1. Unter diesen Umständen, wird der Arbeitgeber ein Gehalt $w(y)$ gleich 1 oder 2 anbieten.

Die Mitglieder jeder Gruppe werden unter Berücksichtigung dieses Gehalts ihr optimales Bildungsniveau auswählen.

Wenn eine Person $y < y^*$ wählt, dann weiß man, dass sie in Wahrheit $y = 0$ wählt, da Bildung Kosten verursacht und aufgrund der Annahmen des Arbeitgebers hat sie bis zum Erreichen von y^* keinen Vorteil y zu erhöhen.

Auf gleiche Weise wählt ein Individuum, welches $y > y^*$ wählt, in Wahrheit $y = y^*$, weil jede Erhöhung Kosten verursacht, die nicht von Erträgen aufgewogen werden.

Um die Differenz zwischen den angebotenen Gehältern und den Ausbildungskosten zu maximieren, werden die Mitglieder der Gruppe I $y = 0$ wählen, da $1 > 2-y^*$, und die Mitglieder der Gruppe II werden $y = y^*$ wählen aufgrund von $2-y^*/2 > 1$.

Es gibt daher unendlich viele Werte für y^* und damit unendlich viele Gleichgewichte. Zudem hat das Gleichgewicht nicht die gleiche Bedeutung in Bezug auf das

Wohlergehen/Nutzen in der jeweiligen Gruppe; zum Beispiel wird die Erhöhung von y* die Mitglieder der Gruppe II ärgern, wohingegen dies nicht der Fall für die Mitglieder der Gruppe I sein würde.

Wenn man diese Gleichgewichte mit der Situation der Abwesenheit von Signalen aufgrund eines Diploms vergleicht, muss man die Wahrscheinlichkeiten q_1 und $(1-q_1)$ berücksichtigen, dass man einen Angestellten der Gruppe I oder II eingestellt hat.

In diesem Fall wird das Unternehmen jeden Arbeitnehmer entsprechend seiner erwarteten Grenzproduktivität entlohnen:

$$1.q_1 + 2.(1 - q_1) = 2 - q_1$$

Man sieht daher, dass sich die Situation der Individuen der Gruppe I verschlechtert hat, weil ihre Entlohnung von 1 niedriger ist als $(2-q_1)$, wohingegen die Mitglieder der Gruppe II nur dann gewinnen, d. h. von der Entlohnung $(2-y*/2)>(2-q_1)$ profitieren können, wenn der Anteil der Individuen der Gruppe I, q_1, höher oder gleich 0,5 ist.

> Zusammenfassend kann man feststellen: Damit der Besitz eines Diploms attraktiv für einen Arbeitgeber und damit lohnend für einen Arbeitnehmer ist, müssen die Individuen mit hoher Produktivität eine Minderheit in der Bevölkerung sein.

3.1.3 Das Modell der Arbeitskräftewarteschlange: Thurow (1972)

Dieses Modell stützt sich auf die Vorstellung des Wettbewerbs zwischen den Arbeitern. Es basiert auf der Idee, dass das Fundament der Produktivität auf der einen Seite auf dem Adaptationsgrad der Arbeiter an den Arbeitsplatz in einem Unternehmen und auf der anderen Seite auf der von den Arbeitgebern spezifisch angebotenen Ausbildung und den Fähigkeiten der Arbeiter in der Aneignung dieser Ausbildung steht.

Das Bildungsniveau der Bewerber für eine Stelle repräsentiert die verwendeten Fähigkeiten der Individuen während des Bewerbungsprozesses. Die Arbeiter bilden eine Warteschlange, bei der die meist gebildeten an erster Stelle stehen. Auf diese Weise werden zunächst die meist gebildeten Arbeiter, *ceteris paribus,* ihr Humankapital weiter akkumulieren, um am Anfang der Schlange zu bleiben.

Bei Thurow ist der Arbeitsmarkt kein Markt der Qualifikationen, sondern ein Ausbildungsmarkt, bei dem die Ausbildungsstellen an verschiedene Arbeiter vergeben werden. Die Kosten der Ausbildung sind dem Arbeitgeber nicht bekannt, weshalb er auf die Signale (wie das Bildungsniveau) zurückgreift, welche die Fähigkeit zur Ausbildung reflektieren.

3.1.4 Die Filtertheorie (Arrow, 1973) und die „Credentialing-Theorie" (Berg, 1970)

Die Filtertheorie ist die Formalisierung einer vom Soziologen Berg (1970) geäußerten Hypothese, genannt „Credentialing-Theorie".

3.1.4.1 Bergs Credentialing-Theorie

Zwei Individuen, A und B, haben die gleiche Schullaufbahn absolviert, jedoch hat nur das Individuum A den Abschluss X erhalten. Auch wenn ihre Leistungen ähnlich sind, werden die des Individuums B nicht anerkannt und letzteres wird in die unmittelbar darunter liegende Stufe (X-1) eingestuft.

Der Abschluss X produziert daher einen Reduktionseffekt des Angebots auf dem Absolventenmarkt X, demgegenüber steht eine Steigerung des Angebots der Absolventen (X-1). Es wird sich daher von der Annahme des perfekten Wettbewerbs entfernt, da ein Teil der Gehaltsunterschiede zwischen den beiden Gruppen nicht aus einer unterschiedlichen Produktivität resultiert, sondern aus einem vom Abschluss artifiziell hergestellten Einkommensverteilungseffekt.

> Zwei Möglichkeiten sind daher vorstellbar:
>
> - Wenn der Arbeitgeber nach der Einstellung die realen Produktivitäten messen kann, so werden sich die Einkommensfunktionen von Individuen mit vergleichbarer realer Produktivität über die Dauer des Berufslebens, unabhängig von ihrem Abschluss, angleichen;
> - Wenn der Arbeitgeber nur die durchschnittliche Produktivität vergleichen kann, wird er seine Erwartungen nicht verändern.

Daraus kann man schließen, dass der Einkommensunterschied zwischen den Gruppen umso größer sein wird, je größer der Schwelleneffekt des Abschlusses ist. Daraus resultiert in der Politik die Vervielfachung der Zwischenabschlüsse, um den CREDENTIALING-Effekt zu reduzieren.

3.1.4.2 Arrows Filtertheorie

Sie unterscheidet sich von der orthodoxen Vision durch die Annahme, dass die Transparenzbedingung auf dem Arbeitsmarkt nicht erfüllt wird. Tatsächlich kauft der Arbeitgeber keine bekannte Produktivität, sondern wählt bei der Einstellung zwischen Arbeitern aus, deren potentielle Produktivität unbekannt ist. Die Arbeitgeber benötigen Informationen über die produktiven Fähigkeiten der Bewerber, damit sich der Arbeitsmarkt den Bedingungen des perfekten Wettbewerbs annähert. Diese

Information wird mit einem Abschluss erbracht. Anders formuliert, ist die Funktion der Bildungsinstitute nicht die Entwicklung von Produktionskapazitäten, sondern die Aufdeckung dieser Kapazitäten durch den Filter eines Abschlusses. Während zahlreiche Annahmen implizieren, dass Bildung Wissen vermittelt, welches zu einer höheren Produktivität führt (Humankapitaltheorie), so hat Arrow eine ganz andere Vorstellung: Eine höhere Bildung leistet auf keinen Fall einen Beitrag zu höheren ökonomischen Leistungen; sie erhöht auch nicht die Sozialisierung.

Im Gegenteil, das Hochschulwesen hat den Zweck eines Auswahlsystems, das die Studierenden nach ihren Fähigkeiten unterscheidet.

Diese Theorie ist nicht vollkommen anders als die Humankapitaltheorie, sie setzt sich jedoch klar von ihr ab. Sie basiert auf der Annahme, dass die marktwirtschaftlich handelnden Wirtschaftsteilnehmer nur über sehr imperfekte Informationen verfügen: Insbesondere hat der Arbeitgeber nur eine sehr schlechte Vorstellung von der realen Produktivität seiner neu eingestellten Arbeitnehmer.

Arrow nimmt im Gegenteil an,
- dass der Arbeitgeber keine Informationen besitzt außer einer sehr guten statistischen Information,
- dass einige Informationen über den Arbeitnehmer, wie z. B. seinen Abschluss, mit gewissen Kosten für den Arbeitgeber erworben werden können.

Der Arbeitgeber kennt aufgrund allgemeiner Informationen oder vergangenen Erfahrungen die statistische Produktivitätsverteilung. Jedoch kann er davon nicht auf die jeweilige Produktivität eines Individuums schließen. Der Arbeitgeber kennt die Produktivität seiner Arbeitnehmer nur nach einem gewissen Zeitraum.

3.1.4.2.1 Das Basismodell

Ein Individuum hat drei Kennzeichen:
- seine Schullaufzeit vor Beginn des Studiums;
- die Erfolgswahrscheinlichkeit, sein Studium abzuschließen;
- seine Produktivität.

Die letzten sind positiv miteinander korreliert.

Die Arbeitgeber wissen nur, ob eine Person über einen Abschluss verfügt oder nicht.

Die Hochschulen dienen in Wirklichkeit als doppelter Filter:
- Sie wählen die Studienanfänger aus.
- Sie sind für den Erfolg oder das Scheitern der Studierenden verantwortlich.

3.1 Die Filterhypothese

Durch ihre Zulassung von Studienanfängern haben die Hochschulen das Ziel, die erwartete Anzahl von Absolventen zu maximieren.

Wir definieren als y die Schulzeit vor Beginn des Studiums und z als z die Produktivität, $z \in [0, +\infty]$.

f(y,z) = die gemeinsame Dichte der beiden Variablen.

In Bezug auf den potentiellen Studienanfänger mit einer Schullaufzeit y ist die Hochschule nur an der bedingten Wahrscheinlichkeit seines Erfolgs interessiert.

Daher kann die Annahme getroffen werden, dass y die Erfolgswahrscheinlichkeit ist, einen Abschluss zu erreichen, unter der Bedingung der Schullaufzeit. Daher ist $y \in [0,1]$.

Wenn die Zulassungskapazitäten der Hochschule begrenzt sind, dann wird die Wahl des Zulassungsverfahrens zur Maximierung der erwarteten Anzahl der Absolventen so fallen, dass ein Schwellenwert y_o gewählt wird, sodass ein potentieller Studienanfänger dann und nur dann, wenn $y \geq y_o$ erfüllt ist, angenommen wird. Schließlich, $y \in [y_o, 1]$.

Es gilt:

- Ne = der Anteil der Schüler, die an der Hochschule zugelassen werden.

- Ng = der Anteil der Absolventen.

- $g(y) = \int_0^\infty f(y,z)dz$, die marginale Dichte von y.

Daraus ergibt sich:

$$\begin{aligned}
Ne &= \int_{y_o}^1 \int_0^\infty f(y,z)dz\,dy = \int_{y_o}^1 g(y)dy = P[y \geq y_o] \\
Ng &= \int_{y_o}^1 \int_0^\infty y.f(y,z)dz\,dy = \int_{y_o}^1 y.g(y)dy = E\left[\left.\frac{y}{y \geq y_o}\right.\right].P[y \geq y_o] \\
&= \overline{y}_e.P[y \geq y_o]
\end{aligned} \qquad (3.1)$$

wobei $\overline{y}_e$ sei die Wahrscheinlichkeit eines Studienanfängers, einen Abschluss zu erhalten.

Arrow schlägt zwei Interpretationen der Produktivität vor:

- Unter der Annahme, dass der Gesamt-Output die Summe der individuellen Produktivitäten ist, dann ist die durchschnittliche Produktivität:
$$\overline{z} = \int_0^1 \int_0^\infty z.f(y,z)dz\,dy = E[z]$$

- Dann ist die Gesamproduktivität der Absolventen pro Arbeitskräfte-Einheit:

$$z_g = \int_{y_o}^{1}\int_{0}^{\infty} z.y.f(y,z)dz.dy = \int_{y_o}^{1} y.E\left[z/y\right].g(y)dy = E\left[zy/y \geq y_o\right].P(y \geq y_o) \quad (3.2)$$

Durch (3.1) und (3.2), erhält man die erwartete Produktivität eines Hochschulabsolventen (3.3):

$$\overline{z}_g = \frac{z_g}{N_g} = \frac{E\left[zy/y \geq y_o\right]}{E\left[y/y \geq y_o\right]} \quad (3.3)$$

Der Hochschulabschluss gibt eine Information: Die Produktivität eines beliebigen Hochschulabsolventen ist höher als die eines beliebigen Mitglieds der Gesamtbevölkerung:

$$\overline{z}_g > E(z).$$

Die Existenz eines Zulassungsverfahrens stellt eine Information dar, wenn:

$$E\left[z/y \geq y_o\right] > E(z) \quad (3.4)$$

Der Hochschulbesuch hat einen weiteren Informationsgehalt, zusätzlich zur einfachen Zulassung, wenn:

$$\overline{z}_g \geq E\left[z/y \geq 0\right] \quad (3.5)$$

> Man kann zusammenfassen: Wenn die erwartete Produktivität der zugelassenen Studienanwärter höher ist als die der abgelehnten Studienanwärter hat die Zulassung einen Vorhersagewert.

Zudem, weil $\overline{z}_g - E\left[z/y \geq 0\right] = \dfrac{\text{cov}\left[yz/y \geq 0\right]}{E\left[y/y \geq y_o\right]}$, gibt der Hochschulbesuch eine Information über die Produktivität, die über die Zulassung hinaus geht, wenn es eine positive Korrelation zwischen der Produktivität und der Erfolgswahrscheinlichkeit der Zugelassenen gibt.

Unter Berücksichtigung von (3.4) und (3.5), kann man daher eine Annahme der positiven Selektion aufstellen: E(z/y) ist eine steigende Funktion von y.

3.1.4.2.2 Der gesellschaftliche Wert einer Selektion im Hochschulbereich

Wenn der Hochschulbesuch einen positiven Informationsgehalt hat, dann bedeutet das nicht zwangsläufig, dass dies einen positiven sozialen Wert hat. Da die Filtertheorie eine Nicht-Konvergenz zwischen der privaten Informationsnachfrage und der gesellschaftlichen Nachfrage aufzeigt, unterscheidet sich ihre Schlussfolgerung deutlich von der Humankapitaltheorie.

Wenn man ein Produktionsmodell betrachtet, bei dem die Individuen vollkommen substituierbar (zu gegebenen Proportionalitäten ihrer Produktivität) sind, dann hat eine Produktivitätsinformation keinen gesellschaftlichen Wert. Das Sozialprodukt der Gesellschaft sei $E(z) = \bar{z}$.

Die produktivsten Individuen werden nicht produktiver, wenn man sie vollkommen eindeutig identifizieren könnte.

Dennoch hat der Abschluss einen privaten Wert für diejenigen, die die größte Chance haben einen Abschluss zu machen.

Daher entspricht das Gehalt eines Individuums dem Erwartungswert seiner Produktivität unter der Bedingung der verfügbaren Information für den Arbeitgeber.

> Folgende Annahmen werden getroffen:
> - Ein Individuum hat keine bessere Information über seine Chance, einen Abschluss zu machen, als die Hochschule.
> - Jedes Individuum hat einen kostenpflichtigen Zugang zu einer normalen Schullaufzeit.
> - Kein Individuum geht zunächst auf die Hochschule. Später gehen einige Individuen auf die Hochschule.

Wenn die Individuen korrekt ausgewählt werden, ist der Erwartungswert ihrer Produktivität unter der Bedingung eines Abschlusses höher als der allgemeine Durchschnitt $\bar{z}$.

Wenn das Gehalt und die Erfolgswahrscheinlichkeit ausreichend hoch sind, werden die Individuen bereit sein, die Kosten der schulischen Ausbildung zu bezahlen. Aber diese Kosten sind nur eine soziale Verschwendung. Tatsächlich zeigt eine genauere Untersuchung des Falls, dass unter bestimmten Annahmen zur Information jeder von einer Abschaffung des Hochschulsektors profitieren würde.

3.1.4.2.3 Gleichgewichtsanalyse

Bestimmte Individuen gehen auf die Hochschule und andere nicht. Die Arbeitgeber kennen die zu erwartenden Produktivitäten der Hochschulabsolventen sowie der Nicht-Absolventen.

Zudem wird angenommen, dass die Studienanwärter die allgemeine Erfolgswahrscheinlichkeit kennen, aber nicht die bedingte Wahrscheinlichkeit ihres eigenen Erfolgs. Im Gegenzug kennen die Hochschulen diese bedingten Wahrscheinlichkeiten.

Wie im vorangegangenen Fall gibt es einen Schwellwert y_o.

Die Arbeitgeber entlohnen die Absolventen mit: $\bar{z}_g = \bar{z}_g(y_o)$

Sei $\bar{z}_n(y_o)$ die erwartete Produktivität der Nicht-Absolventen, sodass (3.6):

$$\bar{z} = \bar{z}_g(y_o)Ng + \bar{z}_n(y_o)(1-Ng) \tag{3.6}$$

Wenn ein Individuum eine Hochschule besucht, dann hat es mit der Wahrscheinlichkeit $\bar{y}_e$ Erfolg und scheitert mit der Wahrscheinlichkeit $(1-\bar{y}_e)$.

Es hat die Kosten c. Sein Ertrag aus dem Hochschulbesuch ist dann:

$$\bar{z}_g(\bar{y}_e) + \bar{z}_n(1-\bar{y}_e) - c.$$

Wenn es nicht auf die Hochschule geht, dann ist sein Ertrag $\bar{z}_n$.

Bei Abwesenheit von Risikoaversion, erfordert ein Gleichgewicht, dass sich beide Erträge ausgleichen. Wenn die erwarteten Erträge eines Hochschulbesuchs höher wären, dann würden die Individuen mit $y<y^0$ einen Hochschulbesuch als profitabel ansehen.

Daraus folgt, nach Vereinfachung (3.7):

$$\bar{y}_e(\bar{z}_g - \bar{z}_n) = c \tag{3.7}$$

Wodurch sich ergibt, dass $\bar{z}_g > \bar{z}_n$; wobei jedoch *(a)* impliziert, dass $\bar{z}_n < \bar{z}$.

Tatsächlich ist das Einkommen eines Nicht-Absolventen niedriger als vorher, weil aber das erwartete Einkommen der Studienanfänger so hoch ist wie das der Nicht-Absolventen, können die Studienanfänger keinen Gewinn aus dem Hochschulbesuch ziehen.

Daher kann man sagen, dass die Abschaffung des Hochschulsektors jedem helfen würde, wenn der Hochschulsektor ein Filter ist. Nicht nur ergibt sich kein Gewinn, sondern es wurde auch noch eine Ungleichheit geschaffen.

Allgemein wird in der Theorie angenommen, dass Informationen in nicht ausreichender Menge erzeugt werden, da ihr sozialer Wert höher ist als ihr privater Wert. Jedoch wurde das Gegenteil von Hirshleifer gezeigt: In der Produktion nicht verwendete Informationen können einfach einen komparativen Vorteil verleihen.

Diese Bedingung hängt vom freien Zugang zum Hochschulbereich ab. Wenn dieser Zugang auf irgendeine Weise limitiert wird, dann wird die Gleichung (3.7) eine ungleiche Beziehung und die Studienanfänger können im Durchschnitt durch ihr Studium gewinnen. Die Nicht-Studienanfänger verlieren nun in jedem Fall.

W. Brainard (1967) hat gezeigt, dass das Ergebnis von der Annahme abhängt, dass die potentiellen Studienanfänger nicht ihre bedingte Erfolgswahrscheinlichkeit kennen.

Unter einer restriktiveren Informationsbedingung sind die von einem Individuum erwarteten Erträge des Hochschulbesuchs mit der Schullaufzeit y:

3.1 Die Filterhypothese

$$\overline{z}_g \cdot y + \overline{z}_n(1-y) - c = (\overline{z}_g - \overline{z}_n)y + \overline{z}_n - c$$

Bei einem Ertrag für ein marginales Individuum (d. h. für welches y = y° gilt) gleich $\overline{z}_n$, wird das Gleichgewicht zu (3.8):

$$y_o(\overline{z}_g - \overline{z}_n) = c \qquad (3.8)$$

Man kann überprüfen, dass $\overline{z}_g > \overline{z}_n$ und $\overline{z} > \overline{z}_n$.

So sind die Nicht-Absolventen in einer schlechteren Situation als wenn es kein Hochschulwesen gäbe. Jedoch können die Individuen mit ausreichender Schullaufzeit erwartete Erträge erhalten, die mindestens gleich $\overline{z}$ sind (der erwartete Ertrag bei Abwesenheit eines filternden Hochschulwesens).

Wenn y_1 der kleinste Wert von y ist: $(\overline{z}_g - \overline{z}_n)y_1 + \overline{z}_n = \overline{z} + c$

Bei Substraktion von *(3.1)*: $(\overline{z}_g - \overline{z}_n)(y_1 - Ng) = c$

Bei Division mit *(3.3)*: $y_1 = Ng + y_0$

Wenn es keinen Wert von y>y1 gibt, dann gewinnen alle durch die Veränderung von einem Wettbewerbsgleichgewicht zu einer Abschaffung des Hochschulsektors.

Dennoch gibt es in jedem Fall einen Nettogewinn des Sozialprodukts durch die Abschaffung des Hochschulsektors und allen Individuen würde es besser gehen.

3.1.4.3 Vergleich zwischen der Filtertheorie und der Humankapitaltheorie

Seit langem ist klar, dass die Indikatoren der Humankapitalerträge nach oben verzerrt sein könnten, da die Fähigkeitenunterschiede mit den Differenzen in den Schullaufzeiten verwechselt werden. Aus diesem Grund wurden Versuche unternommen, die Messvariablen durch die Einführung einer spezifisch für die Messung der Fähigkeiten ausgewählten Variable zu korrigieren.

Jedoch waren diese Messvariablen verkehrt, weil es sich allgemein um Intelligenz-Maßzahlen gehandelt hat. Das Problem besteht in der Abhängigkeit des Modells von nicht messbaren Variablen: den Fähigkeiten. Es bleibt abzuwarten, ob die Theorie ohne direkte Fähigkeiten-Messvariablen verbessert werden kann, um interessante neue Ergebnisse hervorzubringen.

3.1.4.4 Erstellung des Modells

Es handelt sich um eine Beziehung zwischen dem Hochschulfilter und dem Arbeitsfilter. Nach der Einstellung des Arbeitnehmers kann der Arbeitgeber versuchen, direkte Informationen über dessen Produktivität zu erhalten. Allerdings kann dieser Filter Kosten verursachen.

Da der Arbeitgeber die Möglichkeit der Filterung besitzt, ist die Variable des Hochschulfilters fallend. Der Arbeitgeber bezahlt nur solange das durchschnittliche Produkt einer Gruppe mit festgelegter Bildung, bis der eigene Filter aktiv eingesetzt werden kann.

Umgekehrt bedeutet eine Steigerung der Studierendenzahl eine verschlechterte Qualität der nicht im Hochschulbereich zugelassenen Individuen. Bei einer Steigerung des gefilterten Angebots an Studierenden und einer Verminderung der nicht zugelassenen werden die alternativen Filter weniger nützlich und verlieren ihren Nutzen.

Dies bedeutet, dass die durch die Bildungserhöhung im Hochschulbereich verursachte Verbesserung der Einkommensgleichheit durch die Erniedrigung der Bildungsfilter kompensiert werden kann.

Das bedeutet insbesondere, dass die verwendeten Kriterien zur Auswahl von 2 Kandidaten schwächer werden, worunter die Gerechtigkeit und Gleichheit leiden.

3.2 Die Effizienzlohn-Theorie (Akerlof, 1984)

Unter der Annahme einer positiven Beziehung zwischen dem Lohn w und der Produktivität der Individuen π, sodass: $\pi = \pi(w)$ mit $\delta\pi/\delta w > 0$, vertritt diese Theorie die Idee, dass Unternehmen ein Interesse haben können, höhere Löhne zu bezahlen als im Zustand des Gleichgewichts bei vollkommenem Wettbewerb.

Diese Löhne w*, genannt Effizienzlöhne, werden durch die folgende Beziehung festgelegt:

$$[\delta\pi(\omega^*)/\delta\omega^*].[\omega^*/\pi(\omega^*)] = 1$$

Diese Beziehung kann auf verschiedene Weise begründet werden:

- Sie geben Arbeitsanreize an die Arbeitnehmer, gemäß der von Bowles (1985) *shirking* (Bummelei-) Hypothese, und erlauben niedrigere Betreuungskosten.
- Sie ermöglichen den Unternehmen die Gewinnung der produktivsten Arbeiter (Stiglitz, 1976).
- Sie erlauben eine Senkung der Arbeitskräftefluktuation (Stiglitz, 1982).

Auch wenn immer noch die Annahme der positiven Korrelation zwischen der Produktivität und dem Lohn getroffen wird, so geht diese Theorie über die Humankapitaltheorie hinaus. Zunächst hebt sie hervor, dass die allgemeine Ausbildung nicht mehr die einzige Einkommensdeterminante ist. Zudem werden nicht mehr die gleichen Löhne an identische Arbeitnehmer in z. B. unterschiedlichen Unternehmen gezahlt, je nach den Kosten der Arbeitskräftefluktuation. Schließlich, der wichtigste Unterscheidungspunkt zur Humankapitaltheorie: Es wird nicht mehr von der Wettbewerbslogik im Humankapitalbereich ausgegangen. Außerdem erscheint die Kausalbeziehung Produktivität-Ertrag nun auf den Kopf gestellt: Die höchsten Erträge führen über eine Reduzierung der Trägheit und des „Turnovers" zu höheren Produktivitäten.

Verschiedene empirische Arbeiten haben sich mit diesem Thema befasst. Zum Beispiel verwenden Lazear und Moore (1984) eine vergleichende Analyse der Beziehung Alter/Ertrag zweier Gruppen von Arbeitern. Sie zeigen, dass es eine stärker signifikative Beziehung zwischen den Angestellten als zwischen den Selbständigen gibt. Dies scheint zu bestätigen, dass die Anreize der Arbeitgeber einen beachtlichen Effekt auf die Erträge im Verlaufe der Dienstzeit haben. Zudem bestätigen Plassard und Tahar (1990) das Modell der Effizienzlöhne. Sie zeigen, dass je größer die technische Konzentration der Sektoren ist, desto größer ist das Unternehmen und desto höher müssen die Löhne sein, um den Effizienzeffekt zu erhalten.

3.3 Die Theorien des heterogenen Arbeitsmarktes

Sie basieren auf der Existenz mehrerer Arbeitsmärkte und können in zwei Gruppen eingeteilt werden.

3.3.1 Die Analyse der Segmentierung des Arbeitsmarktes: Cain (1976)

Diese Theorie trifft die Annahme der Existenz mehrerer geteilter und voneinander abgeschotteten Arbeitsmärkte. Es handelt sich um den primären und den sekundären Markt.

Im primären Markt herrschen stabile und gut bezahlte Arbeitsplätze vor. Er unterteilt sich in zwei Teilmärkte:

(I) Das primäre unabhängige oder höhere Segment umfasst die „hochwertigen" Arbeitsplätze, welche durch Autonomie, innovative Schaffenskraft und Entscheidungsbefugnisse gekennzeichnet sind, und
(II) das primäre sekundäre Arbeitsplatzsegment der durchschnittlichen Qualifikationen mit vergleichsweise hohen Löhnen und Beförderungsmöglichkeiten.

Der sekundäre Markt beinhaltet alle Arbeitsplätze für Geringqualifizierte mit geringen Beförderungsmöglichkeiten und geringen Löhnen. Ein besonderes Merkmal dieses Marktes ist seine starke externe Mobilität.

Im Unterschied zur Humankapitaltheorie tendiert diese Theorie dazu, dass Bildung nicht die einzige Determinante bei der Einstellung ist und dass sie einen unterschiedlichen Einfluss je nach Markt ausübt. Insbesondere spielen die Erfahrung, das Dienstalter und die administrativen Regeln auf dem primären Markt bei der Einstellung eine größere Rolle als die formale Bildung.

Daher, auch wenn die Beziehung Qualifikation – Produktivität – Lohnhöhe wie bei der Humankapitaltheorie bestehen bleibt, so wird sie durch die größere Rolle der spezifischen Bildung erweitert.

3.3.2 Die Hypothese der internen Arbeitsmärkte von Doringer und Piore (1971)

Sie unterscheidet den internen vom externen Arbeitsmarkt, wobei beide nicht vollständig undurchlässig sind, da sie einige Arbeitsplätze als Zugangspunkt zum internen Markt verbinden. Die Idee dieser Theorie besteht im Folgenden: Auf dem ersten Arbeitsmarkt werden die Gehälter aufgrund von administrativen Regeln festgelegt, während sie auf dem zweiten nach den Regeln des Marktes (Angebot-Nachfrage) entschieden werden.

Aus diesem Grund gibt es zwei Stellentypen: die Stellen, die auf dem externen Markt erworben werden können, und solche, die für den internen Markt reserviert sind und auf die nur über Beförderung oder interne Stellenwechsel zugegriffen werden kann.

> Diese Theorie entfernt sich in mehreren Gesichtspunkten von der Humankapitaltheorie:
>
> - Die Bildung erscheint nicht mehr als einziges Zugangskriterium zu einer Stelle.
> - Die interne Organisation eines Unternehmens hat einen Einfluss auf den Wettbewerb auf den beiden Märkten und damit auf die Gehälter, die nicht mehr vollständig die intrinsische individuale Produktivität wiedergeben.
> - Der Schwerpunkt wird vor allem auf die Arbeitsnachfrage gelegt, während dieser in der ursprünglichen Theorie auf dem Angebot lag.

Es findet sich hier eine andere Formulierung von Thurows Warteschlange-Theorie, bei der der Abschluss als eine Zugangsbeschränkung zu Arbeitsplätzen angesehen wird, im dem Sinne, dass die Verwendung anderer Zugangsmöglichkeiten zu Arbeitsplätzen zu einem beschränken Wettbewerb zwischen Individuen führt.

Die bisherigen empirischen Befunde haben diese Theorie nicht widerlegt (Rao und Datta, 1985; Maxwell, 1987; Hartog, 1987). Erstere haben gezeigt, dass die Unternehmensorganisation einen signifikativen Einfluss auf den Ertrag hat und dass die Bildung nicht die einzige Determinante des Gehalts ist. Diese Ergebnisse werden von Hartog bestätigt. Er zeigt, dass zum einen die Arbeitsangebots- und Arbeitsnachfragevariablen einen gleichzeitigen und offenkundigen Einfluss auf die Erträge haben, aber auch, dass es bei einem gegebenen Bildungs- und Erfahrungsniveau keine Egalisierung der Erträge gibt.

3.4 Die „job competition"-Theorie (Thurow, 1975)

Diese von Thurow 1975 entwickelte Theorie stellt sich der Filtertheorie und der Humankapitaltheorie diametral entgegen.

Hier wird von der Situation ausgegangen, dass das Stellenangebot eingeschränkt ist und die Individuen nicht mehr zwischen der Ertragsrate der Bildung und

Investitionsrate der Bildung abwägen, um eine Stelle zu erhalten. Anders ausgedrückt, sie werden nicht mehr bei einer erreichten Produktivität ihr Studium aufgeben, um eine bezahlte Arbeit aufzunehmen, sondern müssen ein höheres Abschlusszeugnis als ihre Mitbewerber vorlegen.

In diesem Fall erhält nur der beste Bewerber eine Stelle und die anderen verlieren den Vorteil ihres Abschlusses. Es handelt sich augenscheinlich um ein „Gefangenendilemma". Wenn alle anderen weiter studieren würden, würde ein Individuum bei der Aufgabe des Studiums so sehr verlieren, dass im Endeffekt alle Individuen ihre Studien weiterführen. Der entgangene Gewinn ist so viel geringer im Vergleich zum möglichen Gewinn, dass das Individuum nur die Alternativen Arbeitslosigkeit und eine schlecht bezahlte Stelle hat. Daraus resultiert eine Inflation der Bildungsnachfrage, und da das Stellenangebot nicht zu gleichen Teilen steigt, werden die Abschlüsse immer weniger wert.

> Die politischen Implikationen sind daher anders als bei den vorangegangenen Theorien:
>
> - Es gibt keinen spontanen Gleichgewichtsmechanismus Abschluss – Gehalt, sondern ein kumulatives Ungleichgewicht;
> - Der „Schneeballeffekt" der Bildungsnachfrage wird vom freien Studienzugang gefördert;
> - Die Unmöglichkeit einer Einigung zwischen den Individuen führt zu einem Eingriff des Staates, um den Wettlauf auf die Abschlüsse zu bremsen und ihre Hierarchie anzuerkennen.

Schließlich wurden noch radikalere Theorien als Gegenentwurf zur Humankapitaltheorie entwickelt.

3.5 Die Radikalen Theorien

Inspiriert von den marxistischen Theorien präsentieren Bowles und Gintis (1975, 1976) die Idee, dass die Bildung die Produktivität durch die Reproduktion der Struktur der Klassengesellschaft und nicht durch die Steigerung der Qualifikationen erhöhe.

Sie nehmen an, dass sich der Unterricht der Arbeiterkinder, die allgemein nur die gesetzlich vorgeschriebene Bildung umfasst, nur auf die für die Arbeiteraufgaben notwendigen Verhaltensregeln und Einstellungen beschränkt. Im Gegensatz dazu zielt die Lehre im Hochschulbereich, welche allgemein für die Kinder der Mittel- und Oberschicht reserviert ist, auf Führungsaufgaben und Aufgaben im Bereich der Innovation.

Diese Annahmen führen zu mehreren Schlussfolgerungen: Zunächst sind die Arbeiterkinder aufgrund ihrer geringeren Humankapitalakkumulation zur Aufnahme von den geringst bezahlten und begehrten Arbeiten gezwungen. Weiterhin steht in dieser Art von System der Bildungsbereich im Dienste der dominierenden Schicht.

Selbst wenn diese Theorien schwer zu testen sind, so wurden sie doch empirisch geprüft. Kiker und Heath (1985) zeigten, dass die soziale Herkunft der Arbeiter einen signifikativen Einfluss auf ihren Verdienst hat; Anderson (1983) stellt fest, dass soziale Faktoren einen Selektionseffekt insbesondere auf den Zugang zum sekundären oder tertiären Bildungssektor ausüben. Die Diskriminierung aufgrund der sozialen Herkunft sei nicht die einzige auf dem Arbeitsmarkt; eine Diskriminierung aufgrund der ethnischen Herkunft und nach dem Geschlecht gäbe es ebenfalls.

Literatur

Akerlof, G. (1984). Gift exchange and efficiency wage theory: Four views. *American Economic Review, 74,* 79–83.
Anderson, C. A. (1983). *Social selection in education and economic development.* Washington DC: Banque Mondiale.
Arrow, K. (1973). Higher education as a filter. *Journal of Public Economics, 2*(3), 193–216.
Berg, I. (1970). *Education and jobs: The great training robberry.* Har Monsworth: Penguin.
Bowles, S. (1985). The production process in a competitive economy, Walrassian, neo-Hobbesian and Marxian models. *American Economic Review, 75,* 16–36.
Bowles, S., & Gintis, H. (1975). The problem with human capital theory Marxist critique. *American Economic Review, 65,* 74–82.
Bowles, S., & Gintis, H. (1976). *Education and capitalism in the U.S.* New-York: Basic Books.
Brainard, W. (1967). Uncertainty and the effectiveness of policy. *American Economic Review, 57,* 411–425.
Cain, G. (1976). The challenge of segmented labour market theories to orthodox theory: A survey. *Journal of Economic Literature, 14,* 1215–1257.
Doringer, P. B., & Piore, M. J. (1971). *Internal labour markets and manpower analysis.* New-York: Sharpe.
Hartog, J. (1987). Earnings functions: Beyond human capital. *Applied Economics, 28,* 1291–1309.
Kiker, B. F., & Heath, J. A. (1985). The effect of socioeconomic background on earnings. *Economics of Education Review, 4,* 45–55.
Lazear, E. P., & Moore, R. L. (1984). Incentives, productivity and labour contracts. *Quarterly Journal of Economics, 77,* 275–295.
Maxwell, N. L. (1987). Occupational differences in the determination of U.S. workers earnings: Both the human capital and structured labour market hypothesis are useful in analysis. *American Journal of Economics and Sociology, 46,* 431–443.
Phelps, E. (1972). The statistical theory of racism and sexism. *American Economic Review, 62,* 659–661.
Plassard, J. M., & Tahar, G. (1990). La théorie du salaire d'efficience et des disparités non compensatrices: évaluation à partir de l'enquête FQP. *Economie et Prévision, 92–93,* 67–75.
Rao, M. J., & Datta, R. C. (1985). Human capital and hierarchy. *Economics of Education Review, 4,* 67–76.
Spence, M. (1973). Job market signaling. *Quarterly Journal of Economics, 87*(3), 355–374.
Stiglitz, J. E. (1976). The efficiency wage hypothesis, surplus, labour and the distribution of income in LDCS. *Oxford Economic Papers, 28,* 185–207
Stiglitz, J. E. (1982) Alternative theories of wage determination and unemployment, the efficiency wage model. Gersovith et al. (Hrsg.), *The theory and experience of economic development.* London: Allen-Unwin.
Thurow, C. L. (1972). Education and economic equality. *The Public Interest, 28,* 66–81.
Thurow, C. L. (1975). *Generating inequality: Mechanisms of distribution in the US economy.* New York: Basic Books.

Kapitel 4
Die Arbeitsmarkttheorien

Zusammenfassung War die neoklassische Arbeitsmarkttheorie noch bis zu den 1960ern dominant, so hat sie sich mit den Arbeiten zur Unsicherheit der Information auf verschiedene Weise weiterentwickelt. Diese Weiterentwicklungen teilen sich in zwei Gruppen: Die Theorie der Arbeitssuche, die auf Stigler (1961) Informationstheorie basiert und die Theorie der impliziten Arbeitsverträge.

4.1 Die Informationstheorie (Stigler, 1961)

> … information is a valuable resource: knowledge is power. (Stigler, 1961, S. 213)

Stigler postuliert, dass die Arbeitsuchenden sich dem Problem des Informationserwerbs zu Gehältern, der Beschäftigungsstabilität, der Arbeitsbedingungen und anderer Faktoren, je nach eingeschlagener Berufslaufbahn, ausgesetzt sehen. Sie müssen die Informationen auch laufend auf den neuesten Stand bringen. Jedoch wird sich der Arbeitsuchende selten eine vollständige Information aneignen, da der Erwerb anderer Preise weniger kostet als die der Information. Zudem sind die Unterschiede in den nicht gehaltsbezogenen Faktoren in verschiedenen Berufen nicht erkennbar; in diesem Fall wird es deutlich, dass die wahre Gehaltsdispersion unterschätzt wird. Jedoch sind diese Dispersionen nicht verfügbar. Ein Individuum muss die Stellenangebote und deren Dispersion als größer oder kleiner als die gewünschte wahre Verteilung ansehen. Die Verteilungsdispersion ist größer, wenn sie die Unterschiede in der Qualität der Arbeiter wiedergibt. Ein Arbeiter wird daher ein Gehaltsangebot solange suchen, bis die erwarteten Grenzerträge der Suche gleich deren Grenzkosten sind.

Basierend auf dieser Theorie hat sich die Theorie der Arbeitssuche entwickelt.

4.2 Die Theorie der Arbeitssuche

Allgemein beschreibt sie das rationale Verhalten eines Individuums in einem Markt ohne Organisation: Auf der einen Seite gibt es keinen einheitlichen Preis, und auf der anderen bringt die Beschaffung von Preisinformationen Kosten mit sich.

Im Zentrum steht ein arbeitsuchendes Individuum. Es kennt nicht die angebotenen Gehälter der Unternehmen, aber es kennt die Verteilung der Gehälter. Das Individuum muss eine Regel aufstellen, wann es mit der Arbeitsuche aufhört. Daher wird das Individuum seinen erwarteten Verdienst unter der Bedingung der Suchkosten maximieren. Es legt daher einen Schwellenlohn fest, unter dessen Wert es die Stellenangebote ablehnen wird und welcher dem Optimum entspricht, d. h. es setzt die Grenzkosten der Einholung eines zusätzlichen Angebots und die Grenzerträge einer zusätzlichen Angebotseinheit gleich.

In diesem Fall gilt, dass je höher (niedriger) die Suchkosten sind, desto niedriger (höher) ist der Schwellenlohn und desto kürzer (länger) ist die Zeit der Arbeitssuche.

In Bezug auf den Zugang zu Beschäftigung bietet dieses Modell zwei Innovationen: Zum einen hebt es die Existenz einer Gehaltsverhandlung und nicht eines Einheitsgehaltes hervor, wodurch die jeweiligen Betriebsbedingungen eines Unternehmens berücksichtigt werden. Zum anderen erlaubt es, die Idee der sofortigen Bildung eines Gleichgewichtsgehalts zu übernehmen und bevorzugt die kostenbezogene Betrachtung der Zeit der Arbeitssuche eines Individuums.

In der Empirie hat Fallon (1983) gezeigt, dass die höher gebildeten Arbeitssuchenden länger auf Arbeitssuche sind als die weniger gebildeten. Gottschalk und Maloney (1985) untersuchen die Gründe der Arbeitslosigkeit für entlassene Personen und solche, die selbst gekündigt haben. Im Gegensatz zu letzteren hatte die erste Gruppe keine Zeit ihre Arbeitssuche vorzubereiten. Aus diesem Grund dauert die Arbeitslosigkeit eines Entlassenen länger als bei einer Person, die gekündigt hat. Im Gegenzug ist die Wahrscheinlichkeit, sein Wohlergehen bei einer neuen Beschäftigung zu verbessern, geringer. Jedoch zeigen die statistischen Studien, dass die Senkung des Schwellenlohns der Entlassenen es ihnen nicht erlaubt, eine Stellensuchdauer wie die der kündigenden Individuen zu erreichen.

4.3 Die Theorie der impliziten Arbeitsverträge (Azariadis, 1975)

Nach einer nicht mit dem traditionellen Ansatz zu vereinbarenden Beobachtung entwickelt, ist das vorrangige Ziel dieser Theorie, die Realität besser abzubilden.

Tatsächlich sieht der traditionelle Ansatz, der auf dem vollkommenen Wettbewerb basiert, eine Anpassung der Unternehmen auf den Nachfragerückgang nach Gütern durch eine Reduzierung der Beschäftigung und der realen Gehälter vor. In der Praxis beobachtet man im Allgemeinen eher eine Entlassungswelle und ein gleichbleibendes Gehalt der Weiterbeschäftigten.

Die Theorie der impliziten Arbeitsverträge stellt die Annahme auf, dass die Austauschbeziehung zwischen Arbeitergeber und Beschäftigten, statt anhand des Lohnsatzes am Schnittpunkt der Angebots- und Nachfragekurve, im Rahmen eines impliziten Arbeitsvertrags festgelegt wird. Dieser berücksichtigt die zukünftige Unsicherheit durch die Einbeziehung des notwendigen Arbeitsaufwands und der entsprechenden zu zahlenden Löhne jedes zukünftigen Zustands. Die Löhne beinhalten für den günstigen Fall die von den Arbeitern zu leistende implizite Zahlung einer Versicherungsprämie (Versicherungsschutz gegenüber Entlassung bei ökonomischen Schwankungen) und für den ungünstigen Fall eine Entschädigungszahlung des Arbeitsgebers.

> Dieses Verfahren hat zwei Vorteile:
> - Die Beschäftigten können sich gegen zukünftige Ereignisse absichern;
> - Der Arbeitgeber kann auf sofort einsetzbare Arbeitskräfte zurückgreifen.

Dieses relativ einfache Modell wurde in der Folge erweitert.

Azariadis (1975) nimmt zusätzlich an, dass nicht alle Individuen identisch behandelt werden, da die Unternehmen prioritär die Arbeitnehmer versichern, in deren Ausbildung sie am meisten investiert haben.

> Andere Autoren haben auf die Schwächen dieses Ansatzes hingewiesen:
> - Hart (1983) unterstreicht die Tatsache, dass die Verhandlungen aufgrund der die Unternehmen begünstigende Informationsasymmetrie nicht auf Augenhöhe sind.
> - Grossman, Hart und Maskin (1983) heben hervor, dass nicht alle Unternehmen die gleichen Risiken haben, wodurch die jeweiligen Arbeitnehmer unterschiedliche Wahrscheinlichkeiten haben, entlassen zu werden.

Nach den ökonomischen Theorien der Arbeitssuche wurden verschiedene (eher soziologisch geprägte) Theorien entworfen, die zum Teil mit der orthodoxen Sichtweise der Humankapitaltheorie brechen.

Literatur

Azariadis, C. (1975). Implicit contracts and underemployment equilibria. *Journal of Political Economy, 83*, 1183–1202.
Fallon, P.R. (1983). Education and the duration of job search and unemployment in urban India: An empirical analysis based on a survey of Delhi job seekers. *Journal of Development Economics, 12*, 327–340.
Gottschalk, P., & Maloney, T. (1985). Involuntary terminations, unemployment, and job matching: A test of job search theory. *Journal of Labor Economics, 3*, 109–123.
Grossman, S. J., Hart, O. D., & Maskin, E. S. (1983). Unemployment with observable aggregate shocks. *Journal of Political Economy, 91*, 907–928.
Hart, O. D. (1983). Optimal labour contracts under asymmetric information: An introduction. *Review of Economic Studies, 50*, 3–35.
Stigler, G. (1961). The economics of information. *Journal of Political Economy, 69*(3), 213–225.

Kapitel 5
Die Sichtweise der Soziologen

Zusammenfassung Die Entwicklung der Studentenzahlen steht im Fokus der Betrachtung zweier Soziologen: Lévy-Garboua entwirft die Theorie der „Auslesebedingungen" (1976) und, darauf aufbauend, Lemennicier seine „Erkundungstheorie" und das Hedonismusmodell.

Eine der auffälligsten Entwicklungen der letzten Jahrzehnte ist die nie dagewesene Steigerung der Studentenzahlen. Das ist geradezu paradox, da parallel die Kosten eines Studiums gestiegen und die vom Studium zu erwartenden Gewinne gefallen sind, was eigentlich zu einer erheblichen Reduktion der Studentenzahlen hätte führen müssen. Lévy-Garboua schlägt 1976 eine Lösung dieses Paradoxons vor.

5.1 Die Theorie der „Auslesebedingungen" (Lévy-Garboua, 1976)

Das „Auslesebedingungen"-Modell hat das Ziel, das Anpassungsverhalten der Studierenden an das von der Massenuniversität verursachte Ungleichgewicht auf dem Arbeitsmarkt zu erklären.

Es zeigt, dass bei einer Senkung der mit Bildung einhergehenden erwarteten zukünftigen Vorteile ein neues Gleichgewicht zur Bewahrung des finanziellen Ertrags erreicht wird. Dieses Gleichgewicht wird durch eine proportionale Reduzierung der Zeitkosten des Studiums erreicht. Dies erklärt, warum junge Abiturienten sich trotz keiner durch das Studium zu erwartenden großen zukünftigen Vorteile an der Universität einschreiben.

Dieser Zustand kann auch daraus abgeleitet werden, dass ein Abiturient aus dem Studentenleben einen unmittelbaren Nutzen zieht, welcher ihm das Berufsleben nicht bieten kann. Dieses Verhalten hat verheerende Auswirkungen auf das Bildungsverfahren: Der Wettlauf um Abschlüsse wird zum wichtigsten Ziel, selbst wenn gleichzeitig die Häufigkeit des Scheiterns zunimmt.

Daher werden gemäß L. Lévy-Garboua die Widersprüche der Massenuniversität über den Verfall der klassischen Hochschule gelöst.

> Man kann das Verhalten der Studenten als einen Versuch auffassen, die Auslesebedingungen an zwei Märkten zu erfüllen, die in der gegenwärtigen Gesellschaft für eine Minderheit reserviert sind:
> - Der Markt der Lebensqualität: Ein Gut, dass sofort vom Studentenleben bereitgestellt wird und dessen Marktpreis vernachlässigbar ist;
> - Der Markt der Eliten: Dies sind alle reservierten und zukünftigen Güter (wie Lohnzuschläge, Luxusprodukte, ...), auf die die Studierenden wahrscheinlich Zugriff haben werden, wenn sie den Abschluss erreichen.

> Eine zentrale Annahme des Models besteht in der Trennung zweier Nachfragekurven der Studierenden, was eine doppelte Wahl des Studierenden im Moment der Einschreibung impliziert:
> - Eine Arbitrage zwischen dem gegenwärtigen Einkommen und der zukünftigen Vergütung;
> - Eine Arbitrage zwischen dem sofortigen Zugang zu Lebensqualität und einer zukünftigen Elitenzugehörigkeit.

Der Nutzen des Individuums ist eine Funktion des gegenwärtigen Einkommens, der Lebensqualität und der zukünftigen Vergütung, aber die jeweilige Nachfragekurve dieser Güter hängt zum einen von den individuellen Präferenzen und zum anderen von objektiven Kriterien wie dem Lebensstandard der Familie und der Lage des Arbeitsmarkts ab.

Es wird die Annahme eines jungen Abiturienten getroffen, der zwischen der Immatrikulation an der Universität und dem direkten Eintritt in den Arbeitsmarkt schwankt. Sein Nutzen ist eine Funktion dreier Güter: ein zukünftiges Gut (S) der erwarteten Vorteile durch den Universitätsbesuch, welche von seinem Verhalten während des Studiums abhängen; ein externes Gegenwartsgut (X), das den Warenkorb oder das Realeinkommen des Studenten repräsentiert; und schließlich ein internes Gegenwartsgut (Q) der Lebensqualität, die es nur für Studenten gibt.

Der junge Abiturient maximiert daher die folgende Nutzenfunktion (5.1):

$$U = U(X, Q, S)$$

$$\text{mit } U'_X, U'_Q, U'_S > 0 \; ; \; U''_X, U''_Q, U''_S > 0 \quad (5.1)$$

Die Lebensqualitätsproduktion erstellt ein nicht käufliches Gut, welches von der Studienzeit (TE), der Freizeit (TL), der studienbezogenen Disziplin und verschiedenen Umweltfaktoren (FE) abhängt.

5.1 Die Theorie der „Auslesebedingungen" (Lévy-Garboua, 1976)

Die individuelle Produktionsfunktion wird daher wie folgt definiert (5.2):

$$Q = h(TE, TL, FE)$$

$$\text{mit } h'_{TE} \langle \rangle 0,\ h'_{TL} \geq 0,\ h''_{TE} < 0,\ h''_{TL} < 0 \qquad (5.2)$$

Daraus kann direkt verifiziert werden, dass die mit den verschlechterten Bedingungen der Studenten zusammenhängenden Faktoren einen Effekt auf die Zeitverteilung der drei Aktivitäten Studium, Freizeit und bezahlte Arbeit ausüben.

Dem Modell zufolge möchte jeder Student den größten möglichen Nutzen unter Beachtung seiner Budget- und Zeitrestriktionen erhalten.

Es folgen zwei Annahmen:
- Es gibt eine positive und starke Abhängigkeit zwischen der Lebensqualität und der unabhängigen Freizeit, wohingegen es eine schwache oder sogar negative (ab einem gewissen Schwellenwert) Abhängigkeit zwischen der Lebensqualität und der Studienzeit gibt.

Es gilt (5.2'):

$$h'_{TL} >> h'_{TE}. \qquad (5.2')$$

Studenten profitieren von einer gewissen Lebensqualität, und hohe Einkommen und ein hoher sozialer Status sind ebenfalls den Universitätsabsolventen vorbehalten.

Es gilt (5.3):

$$S = s.\Delta Y = s.y \qquad (5.3)$$

s ist die Erfolgsrate und y die Differenz zwischen dem Einkommen und dem sozialen Status der Hochschulabsolventen und der Abiturienten.

Die Erfolgsrate s hängt von den gleichen Faktoren wie die Lebensqualität ab, aber beinhaltet auch die Präferenzen der Lehrkräfte.

Es gilt (5.4):

$$s = f(TE, TL, FE) \qquad (5.4)$$

- Eine Erhöhung der Studienzeit hat einen größeren Einfluss auf die Erfolgsaussicht des Erhalts eines Abschlusses als eine äquivalente Erhöhung der unabhängigen Freizeit.

Formal geschrieben (5.4'):

$$f'_{TE} >> f'_{TL} \qquad (5.4')$$

Die erste Annahme beschreibt die gegenwärtige Realität, dass der Wert der Freizeit in dem Maße gestiegen ist, wie das Wirtschaftswachstum ein knappes Gut aus ihr gemacht hat. Das erklärt die Tatsache, dass die Lebensqualität eher mit der unabhängigen Freizeit als mit der Studienzeit zusammenhängt.

Die zweite Annahme besagt, dass die Dozenten einen Einfluss darauf haben, ob Studenten ihre Prüfungen bestehen. Damit sortieren sie mehr nach den akademischen Fähigkeiten, dem investierten Lernaufwand als nach einem speziellen sozialen Verhalten oder nicht-akademischen Fähigkeiten aus. Tatsächlich hat die Studienzeit einen größeren Einfluss auf das Bestehen der Prüfungen als die unabhängige Freizeit und die Praxis von Gruppenarbeiten (Lemmenicier, 1975).

Daraus folgt, dass das Auslesebedingungen-Modell die individuellen Anpassungen der Studenten unter den Haushalts- und Zeitbedingungen zur ersten Periode berücksichtigen kann (5.5 und 5.6):

$$pX = w.TW + A \tag{5.5}$$

$$TE + TL + TW = T \tag{5.6}$$

pX steht für die monetäre Ausgabe eines Individuums, w für den (als gegeben festgelegten) Lohnsatz auf dem Arbeitsmarkt der jungen Abiturienten, TW ist die bezahlte Arbeitszeit des Individuums und A die von ihm erhaltenen Hilfen und Subventionen.

Das Modell kann zu einer einzigen Bedingung geführt werden, welche als Maximaleinkommensbedingung bezeichnet wird (5.7):

$$pX + w(TE + TL) = w.T + A = I \tag{5.7}$$

Ein Individuum maximiert die Funktion (1) unter den Nebenbedingungen (5.2), (5.3), (5.4), (5.7), bei nicht negativem zeitlichen Lernaufwand und Freizeit.

Wenn der junge Abiturient sich für den Beginn eines Universitätsstudiums entschließt, so muss verifiziert werden, dass gilt:

$$\frac{U'_S}{U'_X} h'_{TE} + \frac{U'_S}{U'_X} f'_{TE}.y = \frac{w}{p} \tag{5.8}$$

$$\frac{U'_Q}{U'_X} h'_{TL} + \frac{U'_S}{U'_X} f'_{TL}.y = \frac{w}{p} \tag{5.9}$$

Es handelt sich also um eine Überprüfung der klassischen Beziehung zwischen dem Grenznutzen des zukünftigen Einkommens relativ zum gegenwärtigen Einkommen und dem Zinssatz $\frac{U'_S}{U'_X} = \frac{1}{1+r} = \frac{1}{R}$. Es wird außerdem die Annahme getroffen, dass die marginale Substitutionsrate zwischen den beiden gegenwärtigen Gütern unabhängig von der Quantität des zukünftigen zu konsumierenden Gutes ist, d. h. (5.10):

5.1 Die Theorie der „Auslesebedingungen" (Lévy-Garboua, 1976)

$$\frac{U'_Q}{U'_X} = k(X,Q) \text{, mit} \qquad k'_X \geq 0 \text{ und } k'_Q \leq 0 \qquad (5.10),$$

so sind die beiden Gleichgewichtsbedingungen (5.11 und 5.12):

$$k(X,Q)h'_{TE} + k(X,Q)f'_{TE}.y = \frac{w}{p} \qquad (5.11)$$

$$k(X,Q)h'_{TL} + k(X,Q)f'_{TL}.y = \frac{w}{p} \qquad (5.12)$$

Durch die Berücksichtigung der Freizeit erlaubt dieses Modell die Wiedereinführung des Aspekts des Universitätskonsums im Vergleich zum Aspekt der Humaninvestition.

Dennoch haben die zeitlichen Variablen je nach individueller Veränderungsanpassung eine unterschiedliche Rolle.

Die traditionelle Interpretation der Bildungsnachfrage besagt, dass ein Individuum ohne ein besonderes Interesse an einem Studium kein Studium aufnehmen wird, wenn dies eine weniger rentable Investition im Vergleich zu anderen Optionen darstellt.

Das Modell widerspricht diesem Verhalten nicht, aber es führt den Grenzertrag der Bildungszeit (r_{TE}) in die Analyse ein.

Wenn h'_{TE} in der Gleichung (5.11) nicht weiter beachtet wird, erhalten wir (5.13):

$$\frac{f'_{TE}.y}{\frac{w}{p}} = 1 + r_{TE} < 1 + r \qquad (5.13)$$

Dies erlaubt die Einführung eines Adaptationsmodus an die Verschlechterung der studentischen Lage, welche von den vorherigen Theorien, insbesondere der Filter- und Humankapitaltheorien, nicht berücksichtigt wird.

Tatsächlich kann ein Kalenderjahr für ein Individuum, das die Verwendung seiner Zeit beliebig bestimmen kann, einer ganz unterschiedlichen Zeit entsprechen, die ins Studium investiert wird.

Da die Grenzproduktivität dieser Zeit im Verhältnis zum Prüfungserfolg absteigend ist, so kann der Schüler auf sich verschlechternde Arbeitsmarktbedingungen mit der Veränderung seines effektiven zeitlichen Lernaufwands reagieren, um die Rentabilität seiner Schulinvestition beizubehalten. Statt kein Studium mehr anzufangen, wird er seinen Lernaufwand während des Studiums seinen Erwartungen anpassen. Dieser Vorgang verdeutlicht den Grund des fehlenden Rückgangs an Studierenden, der durch die traditionelle Theorie nicht erklärt werden kann.

Der angehende Student möchte die Auslesebedingungen der reservierten Märkte der Lebensqualität und der Eliten erfüllen. Der Massenunterricht führt aber zu einer Reduzierung der durch ein Studium zu erreichenden zukünftigen Vorteile. Dadurch weiß der Student, dass das zukünftige Wohlergehen geringer sein wird, was zu einer Kompensierung des zukünftigen Wohlergehens durch eine Steigerung des gegenwärtigen Wohlergehens und der Effektivität für den Erhalt eines universitären

Abschlusses führt. Um dieses Ziel zu erreichen, wird er den nicht obligatorischen zeitlichen Lernaufwand durch bezahlte Arbeitszeit bei gleichbleibender unabhängiger Freizeit substituieren.

Mathematisch formuliert (5.14):

$$\frac{\partial TE}{\partial y} > 0, \quad \left|\frac{\partial TL}{\partial y}\right| << \frac{\partial TE}{\partial y}, \quad \frac{\partial TW}{\partial y} \approx -\frac{\partial TE}{\partial y} \qquad (5.14)$$

Dies hat vier Konsequenzen:
- Eine Steigerung der Kaufkraft;
- Eine Senkung des zukünftigen Einkommens;
- Eine Beibehaltung der Lebensqualität;
- Eine Senkung der Absolventenrate aufgrund der Senkung des zeitlichen Lernaufwands

Der Massenunterricht impliziert eine nicht ausreichende Hilfe für die neuen Studierenden, insbesondere der aus bescheidenen Verhältnissen. Letztere müssen ihr Defizit über eine bezahlte Nebentätigkeit ausgleichen. Wenn sie einen Zugang zum Elitenmarkt erhalten möchten, müssen sie ihre Lebensqualität opfern, die ihnen eigentlich zustehen würde. Diese Studenten substituieren die bezahlte Arbeitszeit für die Freizeit bei gleichbleibendem nicht obligatorischem zeitlichem Lernaufwand.

Daraus ergibt sich (5.15):

$$\frac{\partial TL}{\partial A} > 0, \quad \left|\frac{\partial TE}{\partial A}\right| << \frac{\partial TL}{\partial A}, \quad \frac{\partial TW}{\partial A} \approx -\frac{\partial TL}{\partial A} \qquad (5.15)$$

Auf diese Weise erwerben sie die größten möglichen Chancen auf einen Abschluss, welcher ihnen *ceteris paribus* einen gewissen sozialen Aufstieg ermöglicht.

Die Theorie sagt daher voraus, dass das Individuum nach der Betrachtung der Unvereinbarkeit zweier Nachfragen die Nachfrage nach der für ihn nachteiligeren Alternative aufgibt.

Diese Theorie wurde um z. T. kritische Ergänzungen, insbesondere von B. Lemennicier, erweitert.

5.2 Die Modelle von B. Lemmenicier (1977)

Diese Modelle zielen nicht darauf ab, die Theorie der Auslesebedingungen zu verwerfen, sondern zu zeigen, dass sie sich auf riskante Annahmen stützt. Der Autor schlägt daher vor, ihre Annahmen mit alternativen Annahmen zu vergleichen, um ihre Aussagekraft zu messen.

5.2 Die Modelle von B. Lemmenicier (1977)

5.2.1 Die „Erkundungstheorie"

Der Ausgangspunkt ist „die naive Annahme, dass der Student die zusätzliche erwartete Einkommenseinheit eines Studienjahres mit den damit verbundenen zusätzlichen Kosten abwägt. Wenn die Grenzkosten des Studiums (CM) niedriger als das zusätzlich erwartete Einkommen (GM) sind, dann wird der Student sein Studium um ein weiteres Jahr fortsetzen.

Im gegenteiligen Fall (höhere oder gleiche Grenzkosten) wird der Student sein Studium abbrechen (5.16):

$$CM = GM \qquad (5.16)$$

Die gesamten gegenwärtigen Ausgaben für die Weiterführung des Studiums, D, können über die Hilfen des Staates, des Bankensystems, oder der Familie, A, oder über eine bezahlte Arbeit, w_o.TW, finanziert werden.

Unter Berücksichtigung der Zeitrestriktion ergibt sich (5.17):

$$TW + TE + TL = T \qquad (5.17)$$

TW, TE und TL seien die Arbeitzeit, die Freizeit und der zeitlicher Lernaufwand.

Die gegenwärtigen Kosten eines Studenten sind wie folgt (5.18):

$$CM = D + w_o(TE + TL) - Ao - w_o T \qquad (5.18)$$

w_o.(TE + TL) misst die Opportunitätskosten eines Individuums. Es entspricht dem Einkommen, auf welches der Student verzichtet (da er keiner bezahlten Arbeit nachgeht), um sich dem Studium oder den Freizeitaktivitäten zu widmen. Ao misst die erhaltene finanzielle Hilfe und $w_o T°$ das Einkommen des Studenten bei Vollzeitarbeit. Der Überschuss der gegenwärtigen Ausgaben, Do+ w_o(TE + TL), über die Ressourcen bei Vollzeit, Ao+ $w_o T°$, definiert die Kosten eines zusätzlichen Studienjahres, welches durch einen zusätzlichen Einkommensgewinn kompensiert werden muss.

Sein Studium um ein Jahr weiterzuführen ergibt einen zusätzlichen Gewinn aufgrund des Unterschieds zwischen einer erreichten Schulbildung oder dem anvisierten Abschluss, welcher zu einem mit einem höheren Einkommen versehenen Arbeitsplatz führt (5.19).

$$GM = (E(w_o^*)\text{-}w_o)T \qquad (5.19)$$

wobei $E(w_o^*)T°$ dem erwarteten Einkommen bei Vollzeitarbeit entspricht.

Der Student bricht sein Studium ab, wenn die Kosten eines zusätzlichen Jahres gleich seines Ertrags werden (5.20):

$$D + w_o(TE + TL) - (Ao - w_o T) = E(w_o^*)T - w_o T \qquad (5.20)$$

Mit dieser Gleichung kann das Verhalten des Studenten „vorausgesagt" werden.

Dafür werden die Hilfen, Ao, und der Lohnsatz w_o, $E(w_o^*)$ als Variablen betrachtet, auf die das Individuum keinen Einfluss nehmen kann. Im Gegensatz dazu können die Studenten die Variablen des zeitlichen Lernaufwands und der Ausgaben beeinflussen.

Wenn man eine Grafik der Kosten und zusätzlichen Gewinns eines Studienjahres erstellt (Abb. 5.1), dann erkennt man, dass die Grenzkosten mit den Studienjahren ansteigen, da der verlorene Lohn, w_o, der die Opportunitätsrate misst, mit dem Bildungsniveau steigt. Auf der anderen Seite fällt der Grenzertrag mit der Anzahl der Studienjahre aufgrund der Tatsache, dass je höher das Bildungsniveau, desto kleiner ist die Differenz zwischen $E(w_o^*)$ und w_o.

Das Bildungsniveau im „Gleichgewicht" wird daher mit OA gemessen, dem Punkt wo die Grenzkosten gleich den Grenzerträgen OD sind.

- Wenn die erwarteten zukünftigen Erträge fallen, d. h. $E(w_o^*)T°$ kleiner wird; dann sollte es nach gewisser Zeit eine geringere Anzahl an Studenten geben, da das durchschnittliche Niveau der Studienjahre, bei dem die Grenzerträge gleich den Grenzkosten sind, geringer ist. Man sollte daher eine Anpassung der Quantitäten beobachten. Dennoch können die Studenten auf diesen Rückgang der zukünftigen Einkommen mit einer Veränderung ihrer Zeitallokation reagieren: Sie senken die Opportunitätskosten des Studiums durch die Erhöhung ihrer bezahlten Arbeitszeit. Damit einher beobachtet man eine Senkung ihres zeitlichen Lernaufwands und/oder ihrer Freizeit. Es handelt sich also um eine Kostenanpassung. Wie eine Senkung des zeitlichen Lernaufwands zu einer Senkung der bezahlten Arbeitszeit führt, so führt eine Erhöhung der bezahlten Arbeitszeit eher zu einer Senkung der Freizeit. Tatsächlich intensiviert die Senkung des zeitlichen Lernaufwands die Senkung der zukünftigen Erträge und macht das Bemühen um die Senkung der Opportunitätskosten zunichte.

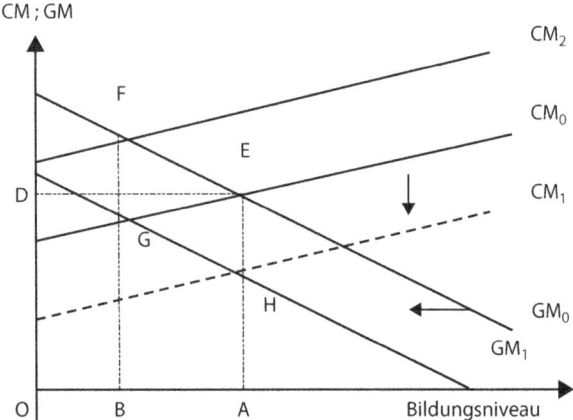

Abb. 5.1 Kosten und zusätzlicher Gewinn eines Studienjahres. Quelle: Lemennicier, 1977

5.2 Die Modelle von B. Lemmenicier (1977)

- Diese Theorie, wie die Theorie der Auslesebedingungen, erklärt die Abwesenheit der Verringerung der Studentenzahlen. Während aber die Theorie der Auslesebedingungen mit dem fehlenden Rückgang der Studentenzahlen eine Senkung des zeitlichen Lernaufwands einhergehen sieht, bestimmt die Erkundungstheorie als Konsequenz eine niedrigere Freizeit.
- Unter der Annahme einer Ressourcenverknappung erhöhen sich die Kosten des Studiums. Nach einer gewissen Zeit sollte man daher ein durchschnittliches Niveau der Studienjahre beobachten, bei dem der Grenzertrag gleich den Grenzkosten ist. Dennoch werden die Studenten diese Erhöhung durch eine Senkung der Ausgaben oder der Opportunitätskosten unterstützt durch eine Steigerung ihrer bezahlten Arbeitszeit kompensieren. Sie werden daher ihr Studium bei geringerer Freizeit fortführen, um den zeitlichen Lernaufwand beizubehalten (dessen Senkung würde die erwarteten zukünftigen Erträge reduzieren). In diesem Fall beobachtet man keine Anpassung der Quantitäten, sondern eine Anpassung der Kosten.

Man kommt daher zum gleichen Ergebnis: die Studentenzahlen bleiben auf dem gleichen Niveau und der zeitliche Anteil der Freizeit wird gesenkt.

Unabhängig, ob man von der Theorie der Auslesebedingungen oder der Erkundungstheorie ausgeht, kommt man zur gleichen Schlussfolgerung: Die Studentenzahlen fallen nicht. Jedoch gibt es einen Unterschied bei der Anpassung durch die jeweiligen Kosten.

Während die Erkundungstheorie eine Restriktion der Freizeit aufgrund der geringeren zukünftigen Erträge vorhersagt, sieht die Theorie der Auslesebedingungen eine Senkung des zeitlichen Studienaufwands vor. Im Gegenzug sind die Schlussfolgerungen bei einer Ressourcenverknappung die gleichen: Der zeitliche Anteil der Freizeit wird gesenkt.

Lemennicier geht sogar noch weiter, wenn er die Existenz nicht nur eines, sondern zweier Paradoxe im Verhalten der Studenten aufzeigt. Zunächst einmal verlängern die Studenten trotz der geringeren zukünftigen Erträge und der höheren Kosten ihre Studienjahre. Zudem erhöhen sie, um die höheren Opportunitätskosten auszugleichen, ihre bezahlte Arbeitszeit über eine Senkung des zeitlichen Lernaufwands und nicht der Freizeit.

Um diesen Phänomenen besser gerecht zu werden, hat der Autor ein sogenanntes „Hedonismusmodell" entwickelt, welches mit den normalen ökonomischen und soziologischen Sichtweisen bricht.

5.2.2 Das Hedonismusmodell

Der Autor geht von zwei Annahmen aus: Zunächst vergleichen die Studenten, wie die meisten Individuen, die gegenwärtige und zukünftige Freizeit; dann gehen sie an die Universität mit dem ausschließlichen Ziel ihr zukünftiges Einkommen zu erhöhen.

Es wird also die Annahme getroffen, dass die Nutzenfunktion jedes Agenten von zwei Gütern abhängt: die gegenwärtige und die zukünftige Freizeit. Es werden daher zwei Perioden betrachtet: die Gegenwart und die Zukunft.

$$U = (L_1, L_2) \tag{5.21}$$

L_1 und L_2 sind die nicht beobachtbaren Mengen der konsumierten Freizeit in den Perioden 1 und 2.

Zudem wird angenommen, dass L_1 und L_2 von jedem Individuum durch die Kombination der Zeitpunkte TL_1, TL_2 und des Kaufs von marktbestimmten Gütern und Dienstleistungen X_1, X_2 in konstanten Proportionen produziert werden.

Daraus ergibt sich (5.22 bis 5.25):

$$a_1 L_1 = TL_1 \ ; \ a_2 L_2 = TL_2 \ ; \ b_1 L_1 = X_1 \ ; \ b_2 L_2 = X_2 \quad \text{(5.22) bis (5.25)}$$

Die Ressourcenbeschränkungen der ersten Periode sind:

$$\bar{A}o + \bar{w}_1 TW_1 = \bar{P}_1 X_1 \tag{5.26}$$

$$TW_1 + TE_1 + TL_1 = \bar{T}_1 \tag{5.27}$$

(5.26) zeigt, dass jedes Individuum nicht mehr für Güter und Dienstleistungen ausgeben kann, $\bar{P}_1 X_1$, als es Einkommen der bezahlen Arbeit, $\bar{w}_1 TW_1$, oder der Familie, des Staats oder des Banksystems, $\bar{A}o$, hat.

(5.27) zeigt, dass jedes Individuum seine Zeit nur zwischen der Freizeit TL, der Arbeitszeit, TW und dem zeitlichen Lernaufwand TE aufteilen kann.

Für die zweiten Periode wird die Annahme getroffen, dass ein Individuum sein Studium nicht weiterführen kann, $TE_2 = 0$, wodurch sich für die Zeitbeschränkung ergibt:

$$TW_2 + TL_2 = \bar{T}_2 \tag{5.28}$$

Zudem muss der Barwert der Ausgaben, $\dfrac{P_2 X_2}{1+i}$, gleich dem Barwert des Einkommens aus der bezahlten Arbeit, $\dfrac{w_2 TW_2}{1+i}$, sein (5.29).

Aus der Kombination der Gleichungen (5.26), (5.27), (5.28) und der letzten Gleichung (5.29) ergeben sich die zwei Restriktionen der Gesamtzeit in jeder Periode (5.30 und 5.31):

$$\bar{A}o + \bar{w}_1 T_1 = \bar{P}_1 X_1 + \bar{w}_1 (TE_1 + TL_1) \tag{5.30}$$

$$\frac{w_2}{1+i} T_2 = \frac{P_2 X_2}{1+i} + \frac{w_2}{1+i}(TL_2) \tag{5.31}$$

5.2 Die Modelle von B. Lemmenicier (1977)

Der Erwerb eines Abschlusses dank eines Studiums, TE_1, führt daher in der zweiten Periode zu einem höheren Gehalt.

Durch Ersetzen in der Gleichung

$$w_2 = \alpha \cdot TE_1 \qquad (5.32)$$

von w_2 durch seinen aus (5.32) und X_1, X_2, TL_1, TL_2 durch ihre aus den Gleichungen (5.22) bis (5.25) hervorgehenden Terme, erhält man neue Restriktionen der Gesamtzeit (5.33 und 5.34):

$$Ao + w_1 \bar{T}_1 = (b_1 P_1 + w_1 a_1) L_1 + w_1 TE_1 \qquad (5.33)$$

$$\frac{\alpha TE_1}{1+i} \bar{T}_2 = \frac{(b_2 P_2 + a_2 \alpha TE_1)}{1+i} L_2 \qquad (5.34)$$

Die Budgetrestriktion ist die Summe der zwei Gleichungen, wodurch (5.35):

$$Ao + w_1 \bar{T}_1 + \frac{\alpha TE_1}{1+i} \bar{T}_2 = (b_1 P_1 + w_1 a_1) L_1 + w_1 TE_1 + \frac{(b_2 P_2 + a_2 \alpha TE_1)}{1+i} L_2 \qquad (5.35)$$

Damit:

$$\bar{T}_1 = \bar{T}_2$$

$$\pi_1 = b_1 \bar{P}_1 + \bar{w}_1 a_1$$

$$\pi_2 = b_2 \bar{P}_2 + a_2 \alpha TE_1$$

Das Hedonismusmodell stellt sich folgendermaßen dar (5.36):

$$Max \quad u(L_1, L_2)$$

$$s/c \, Ao + w_1 \bar{T} + \frac{\alpha TE_1}{1+i} \bar{T}_2 = \pi_1 L_1 + w_1 TE_1 + \frac{\pi_2}{1+i} L_2 \qquad (5.36)$$

Wenn L_2 als Funktion von L_1 ausgedrückt wird, dann ergibt sich die Budgetrestriktion (5.37):

$$L_2 = \frac{\bar{A}o(1+i)}{\pi_2} + \frac{w_1 \bar{T}(1+i)}{\pi_2} + \frac{\alpha TE_1 \bar{T}}{\pi_2} - \frac{w_1 TE_1(1+i)}{\pi_2} - \frac{\pi_1(1+i)}{\pi_2} L_1 \qquad (5.37)$$

Das Gleichgewicht ergibt sich am Schnittpunkt zwischen der Budgetgeraden und der Indifferenzkurve.

Wenn L_2 fällt, das heißt, wenn eine Inflation der Abschlüsse und schlechtere Zukunftsaussichten vorliegen, dann führt die Senkung der Effektivität der Abschlüsse zu drei Effekten:

- Eine gleichzeitige Steigerung und Senkung des zukünftigen Einkommens, da die Erträge, $\alpha TE_1 . \overline{T}$, und die Grenzkosten, π_2, fallen;
- Eine Steigerung des gegenwärtigen Einkommens aufgrund der Senkung der Opportunitätskosten der zukünftigen Freizeit, w_2. Wenn die Grenzkosten, π_2, der zukünftigen Freizeit fallen, dann steigt der Realwert des gegenwärtigen Einkommens, $\dfrac{\overline{A}o(1+i)}{\pi_2} + \dfrac{w_1 \overline{T}(1+i)}{\pi_2} - \dfrac{w_1 TE_1(1+i)}{\pi_2}$;
- Aufgrund der Erhöhung des Verhältnisses $\dfrac{\pi_1(1+i)}{\pi_2}$ und geringeren Opportunitätskosten der zukünftigen Freizeit erhält man einen Substitutionseffekt zugunsten der zukünftigen Freizeit. Die Erhöhung der Kosten relativ zur gegenwärtigen Freizeit führt zu einer Senkung der Freizeit, wohingegen die Steigerung des gegenwärtigen Einkommens zu einer Erhöhung führt. Dieser Einkommenssteigerungseffekt kompensiert den Substitutionseffekt, wodurch sich das Wohlbefinden des Studenten erhöht. Schließlich erhöht der Student seine zukünftigen Freizeitaktivitäten und hält seine gegenwärtigen konstant. Zudem wird der Student mit der Erhöhung der relativen Studienkosten $\dfrac{w_1(1+i)}{\pi_2}$ diese Aktivität reduzieren. Die gegenwärtige Freizeit bleibt konstant, im Gegenzug zur Senkung des zeitlichen Lernaufwands steigt die bezahlte Arbeitszeit. Damit ist das Paradoxon erklärt;
- Die Senkung der Hilfe, Ao, impliziert eine Abnahme des gegenwärtigen Einkommens, ohne die relativen Kosten der Freizeit- und Studienaktivitäten zu verändern. Es handelt sich daher um eine Abnahme des Wohlergehens des Studenten, weil seine gegenwärtige und zukünftige Freizeit bei einem konstanten zeitlichen Lernaufwand abnimmt (seine relativen Kosten bleiben unverändert). Dieser Abnahme der Freizeit steht eine Erhöhung der bezahlten Arbeitszeit entgegen. Schließlich hat die Reduktion des erwarteten zukünftigen Lohnsatzes zwei Effekte:
  – Einen Substitutionseffekt durch die Senkung der Opportunitätskosten der zukünftigen Aktivitäten, w_2, relativ zu den Gegenwärtigen, w_1. Dies impliziert eine Abnahme der stark Zeit konsumierenden gegenwärtigen Aktivitäten, wie das Studium und die Freizeit;
  – Einen Einkommenseffekt durch die Abnahme der Opportunitätskosten, der zu einer Steigerung des Budgets jedes Individuums führt und Anreize für eine Steigerung der gegenwärtigen und zukünftigen Aktivitäten gibt.

Das Modell hebt hervor, dass die Studenten nicht die gegenwärtigen und zukünftigen Vorteile der Bildung vergleichen, sondern die gegenwärtige und zukünftige

Freizeit. Daher investieren sie nur in Bildung in Hinblick auf die Erhöhung ihres zukünftigen Einkommens. Die Theorie berücksichtigt damit die zwei beobachteten Paradoxe.

Andere Theorien wurden zur Erklärung der massiven Zunahme an Studenten entwickelt, zum einen im Hochschulsektor, aber auch auf dem Arbeitsmarkt. Sie arbeiten mit der Idee der Arbeitsmarktattraktivität.

Literatur

Lemmenicier, B. (1975). *Le dilemme entre l'efficacité et la justice sociale: une application à la démocratisation de l'enseignement supérieur*. Thèse de Doctorat, Université Paris 1.

Lemmenicier, B. (1977). Les tentatives d'explication du comportement des étudiants par les économistes et la confrontation des hypothèses aux faits. *Revue Française de Sociologie, 18*(1), 499–509.

Levy-Garboua, L. (1976). Les demandes de l'étudiant ou les contradictions de l'Université de masse. *Revue Française de Sociologie, 17*(1), 53–80.

Kapitel 6
Die Theorien der Anziehungskraft des Arbeitsmarkts

Zusammenfassung Die Anziehungskraft des Arbeitsmarkts kann verschiedene Effekte haben. Inbesondere entwickelt Freeman die Spinnweb-Theorie, um Bildungsüberinvestitionen zu erklären. Diebolt hingegen betrachtet in seiner „Übersättigungstheorie" die zyklischen Bewegungen der Studentenzahlen, die durch den Arbeitsmarkt verursacht werden.

Seit vielen Jahren beobachtet man die Zunahme der „übergebildeten" Arbeiter, die zu einer Senkung der Bildungsrendite geführt hat.

Freeman (1971, 1976) ist der erste, der sich dem Problem der Überinvestition in Bildung im Hochschulbereich gewidmet hat („Overinvestment in college training").

Er erklärt dieses Phänomen durch die Tatsache, dass während der 1960er Jahre eine starke Erhöhung der Bildungsausgaben bei gleichbleibenden Erträgen der Hochschulabsolventen vorgenommen wurde. Die Rendite der Universitätsausbildung war damals durch die starke Nachfrage nach Führungskräften und ein geringes Angebot an Absolventen hoch. Jedoch vollzog sich eine grundlegende Wende im folgenden Jahrzehnt. Die Absolventengehälter fielen signifikant und der soziale Abstieg kam immer häufiger vor.

Nach Freeman, ist dies das Ergebnis unterschiedlicher Phänomene:
- Es liegt ein Überangebot aufgrund der Babyboom-Generation vor, wohingegen sich die Nachfrage nach Führungskräftestellen verlangsamt hat;
- Es kam zu einer Senkung der Rendite der Hochschulbildung durch eine Steigerung der mit ihr verbundenen Kosten.

Freeman formalisiert diese Idee ab 1971 durch das sogenannte „Spinnweb-Modell".

6.1 Freemans Spinnweb-Theorie

Dieses Modell geht davon aus, dass mit der Entscheidung für zusätzliche Studien bestimmte Gehaltserwartungen verbunden sind. Die Zeit zwischen dem Beginn und dem Abschluss des Studiums sowie die Erwartungen zum zukünftigen Gehalt spielen eine zentrale Rolle. Sie erlauben auf der einen Seite die Einschätzung der Beschaffenheit der Erwartungen der Individuen und auf der anderen Seite die Beurteilung ihrer Rationalität. L, das Gehaltseinkommen, erscheint daher als die Schlüsselvariable des Modells, von der aus die zusätzlichen Entscheidungen über Bildungsinvestitionen getroffen werden.

Formal besteht das Modell aus drei Gleichungen:
- Eine Beziehung zwischen den aggregierten Veränderungen der Studienanfängerzahlen (Anzahl Erstsemester) und dem Unterschied zwischen den Gehältern eines Universitätsabsolventen und einem Abiturienten:

Anzahl Erstsemester (t) = aπ
  + bπ. *Erwartetes Gehalt für einen Hochschulabsolventen (t)*
  + cπ. *Erwartetes Gehalt für einen Abiturienten (t)*
  + dπ.*Anzahl der Abiturienten (t)*
  + *(1-π).Anzahl Erstsemester (t-1)*
  + μ_{1t}
  mit $0 < \pi < 1$.

- Eine Beziehung zwischen der Anzahl der Hochschulabsolventen und der Anzahl der Erstsemester vier Jahre zuvor:

Anzahl der Hochschulabsolventen (t) = e.λ
  + f.λ.*Anzahl Erstsemester (t-4)*
  + g.λ.*Mehrwert der Lehre (t-5)*
  + *(1-λ) Anzahl der Hochschulabsolventen (t-1)*
  + μ_{2t}
  mit $0 < \lambda < 1$.

- Eine Beziehung, die die Variation der Reallöhne der Hochschulabsolventen mit den Angebotsveränderungen der Hochschulabsolventen und den in der Wirtschaft gesuchten Fähigkeiten verbindet.

Jährliches Gehalt eines Hochschulabsolventen (t) = h
  + i. Anzahl der Hochschulabsolventen (t-2)
  + j. BNE[1] zu konstanten Preisen (t)
  + k. Gehalt eines Abiturienten (t)
  + μ_{3t}

Die unterschiedlichen Residuen der Gleichungen μ^{it} werden als unabhängig angenommen.

---
[1] BNE ist das Bruttonationaleinkommen.

Für die Schätzung der unterschiedlichen Gleichungen empfiehlt sich die Lektüre des Artikels von Demeulemeester, 1994.

Verschiedene Autoren haben die Schlussfolgerungen von Freeman getestet. So hat Rumberger (1987) gezeigt, dass die amerikanischen Arbeiter ein um drei Jahre höheres Bildungsniveau hätten als sie es für ihre Arbeit benötigten. Duncan und Hoffman (1981) kommen zu den gleichen Schlüssen. Jedoch erhält man diese Resultate nicht nur für die Vereinigten Staaten, sondern auch in den Niederlanden (Hartog, 2000).

> Im makroökonomischen Bereich verzeichnet man drei Effektarten (Glebbeck und Wielers, 1995):
> - Ein sogenannter „genutzter Überschuss"-Effekt, bei dem sich die Effizienz des Faktors Arbeit erhöht;
> - Ein „Kompensierungseffekt", bei dem wegen der funktionalen Anforderungen des Zugangs zu Arbeitsplätzen die Absolventen von den Nicht-Absolventen substituiert werden;
> - Ein „nicht genutzter Überschuss"-Effekt, bei dem sich die Arbeitslosigkeit junger Absolventen erhöht.

Die „Überbildung" und die zu hohe Zahl an Überqualifizierten seit den 1970er Jahren sprechen auch für die Übersättigungstheorie, die von C. Diebolt entwickelt wurde.

6.2 Die „Übersättigungstheorie" (Diebolt, 2001)

Der Autor trifft die Annahme, dass die Karriereentscheidungen der Studenten vom erwarteten Einkommen und dem Stellenangebot im Berufszweig abhängt.

Das Ziel dieser Theorie ist die Interpretation der Steigung der Studentenzahlen durch die Entwicklung einer Kausalbeziehung mit den Arbeitsmarktbewegungen. Die Aufteilung der Studenten auf die verschiedenen Universitäten hängt z. B. von den komparativen Vorteilen der Universitäten in Bezug auf erwartetes Gehalt und verfügbare Arbeitsplätze in den jeweiligen Berufszweigen ab. Die erwarteten Gehälter für einen Studenten werden durch die Gehälter auf dem Arbeitsmarkt zu dem jeweiligen Zeitpunkt abgebildet.

In diesem Zusammenhang haben die Gehälter einen Anziehungseffekt für bestimmte Berufslaufbahnen, wenn sich ein Arbeitskräftemangel in bestimmten Wirtschaftszweigen bildet. Wenn dann dieser Mangel behoben ist, dann bleibt der Nachfrageeffekt aufgrund einer von den Individuen verzögerten Wahrnehmung der Lage bestehen. Das führt Schritt für Schritt zu einer Überproduktion von jungen Absolventen.

Diese aus dem Gleichgewicht geratene Situation lenkt die Studenten zu anderen Bildungssektoren und kann damit einen erneuten Mangel auslösen. Daraus resultiert schließlich eine zyklische Bewegung, die sich aus den Veränderungen an verfügbaren Arbeitsplätzen ergibt.

Bei Berücksichtigung einer einzigen Fakultät stellt sich die Situation wie in Abb. 6.1 dar.

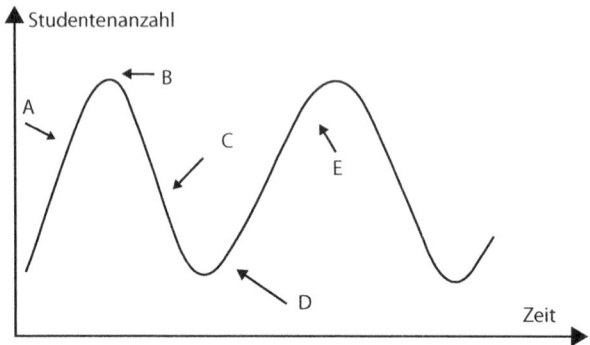

Abb. 6.1 Veränderung der Studentenanzahl im Zeitverlauf.Quelle: Diebolt (2001)

A = Höhe der Gehälter. Der Berufszweig zieht viele Individuen an und man beobachtet einen Mangel an Studenten und Absolventen;
B = Hohe Anzahl von Studenten und Absolventen;
C = Senkung der Gehälter. Ablehnungseffekt. Die Anzahl Studierenden fällt, wohingegen es einen Überschuss an Absolventen gibt;
D = Wenige Studenten;
E = A

Die Studenten wählen ihre Studienrichtung abhängig vom erwarteten Gehalt. Wenn dieses steigt gibt es einen Anziehungseffekt: A.

Jedoch kommt der Moment in dem es zu viele Studenten und Absolventen dieser Studienrichtung gibt, d. h. ein Übersättigungsphänomen tritt ein und die Gehälter fallen: B.

Dadurch kommt ein Ablehnungseffekt zustande und die Anzahl der Studierenden fällt, während der Überschuss an Absolventen bestehen bleibt: C.

Die Anzahl der Studierenden erreicht wieder ein Minimum und der Zyklus beginnt von neuem: D.

Dieses Schema kann für alle Hochschulbereiche unter Berücksichtigung aller Studienrichtungen und ihrer möglichen Substitutionseffekte verallgemeinert werden (Abb. 6.2).

Die Symmetrie der zwei Kurven zeigt die Substitution der Studienrichtungen auf.

Wenn sich ein Übersättigungseffekt in der Studienrichtung X (A') zeigt, dann gibt es einen Anziehungseffekt der Studienrichtung Y (A). Wenn diese saturiert ist, dann beginnt die erste wieder zu steigen usw.

Das Schema zeigt nur zwei Studienrichtungen, während sich in der Realität ein Substitutions-, aber auch ein Komplementaritätseffekt zwischen allen Studienrichtungen beobachten lässt.

Im Hinblick auf die Modellierung dieser Phänomene entwickelt der Autor ein partielles Gleichgewicht des Bildungs- und Arbeitsmarkts unter der Annahme eines perfekten Wettbewerbs und rationaler Agenten. Er benutzt zu diesem Zweck die transzendentale logarithmische Funktion (Translog) von L. Christensen, D. Jorgenson und L. Lau (1973).

6.2 Die „Übersättigungstheorie" (Diebolt, 2001)

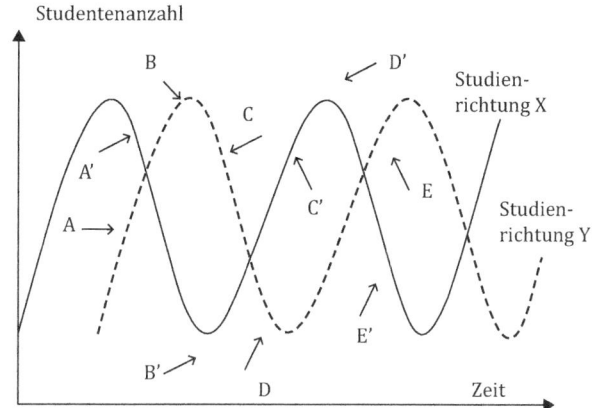

Abb. 6.2 Verallgemeinerung für alle Studienrichtungen. Quelle: Diebolt (2001)

Für jeden rationalen Agenten ist die Angebotsfunktion wie folgt:

$$Q = F(T, D, S, L, P, A, M, E)$$

mit T = Studenten in der Fakultät für Theologie
D = Recht
S = Medizin
L = Philosophie
P = Anzahl Pfarrer.
A = Anzahl Anwälte und Richter.
M = Ärzte.
E = Lehrer.

Unter der Annahme, dass die Fakultäten kaum von ihren jeweiligen Absolventen getrennt werden können, wird das Angebot als Funktion zweier Untergruppen U und V neu geschrieben, die linear homogen sind:

$$Q = F[U = f(T,D,S,L), V = f'(P,A,M,E)]$$

Eine weitere Annahme ist, dass die Funktion positiv, doppelt differenzierbar und strikt quasi-konkav ist, wodurch die Studienrichtungen sich organisieren um U zu produzieren und die entsprechenden Berufe resultieren in V. U und V produzieren gemeinsam den Gesamtoutput Q. Aus ökonomischer Sicht, impliziert dies, dass die optimale Aufteilung in jeder Untergruppe nur von den relativen Einkommen des eigenen Inputs abhängt.

Bei Benutzung der Transformation translog und der Arbeiten von R. Berndt und O. Wood können die Netto- und Kreuzelastizitäten der Inputs einer gleichen Untergruppe aufgezeigt werden:

$$\ln U = \ln \Lambda_U + \sum_H \alpha_H \ln H + \frac{1}{2} \sum_H \alpha_{HH} (\ln H)^2 + \sum_H \sum_J \alpha_{HJ} \ln H \ln J$$

$$H, J = T, D, S, L$$

Das Gleiche für die Funktion V:

$$\ln V = \ln \Lambda_V + \sum_X \alpha_X \ln X + \frac{1}{2} \sum_X \alpha_{XX} (\ln X)^2 + \sum_X \sum_Y \alpha_{XYJ} \ln X \ln Y$$

$$X, Y = P, A, M, E$$

Da die Funktionen homogen und symmetrisch sind, können die folgenden Beziehungen überprüft werden:

$$\sum_H \alpha_H = 1; \quad \sum_H \alpha_{HJ} = \sum_J \alpha_{JHJ} = \sum_H \sum_J \alpha_{HJ} = 0$$

$$\sum_X \alpha_X = 1; \quad \sum_X \alpha_{XY} = \sum_Y \alpha_{YX} = \sum_X \sum_Y \alpha_{XY} = 0$$

$$\alpha_{HJ} = \alpha_{JH} \qquad \alpha_{XY} = \alpha_{YX}$$

Zur Vermeidung des Multikorrelationsrisikos wird die Schätzung der Gleichungen der Faktoranteile durchgeführt.

Ausgehend von Shephards Lemma werden die Anteile von T, D, L, S in U in der reduzierten Form dargestellt:

$$W_{HU} = \frac{\partial \ln U}{\partial \ln H} = \alpha_H + \sum_J \alpha_{HJ} \ln J \quad H, J = T, D, L, S$$

$$W_{XV} = \frac{\partial \ln V}{\partial \ln X} = \alpha_X + \sum_Y \alpha_{XY} \ln Y \quad X, Y = P, A, M, E$$

Die Gleichungssysteme sind determiniert, da:

$$W_{TU} + W_{DU} + W_{SU} + W_{LU} = 1$$

$$W_{PV} + W_{AV} + W_{MV} + W_{EV} = 1$$

Alle vorherigen Beziehungen laufen auf die Schätzung der folgenden Gleichungen hinaus:

$$W_{TU} = \frac{\partial \ln U}{\partial \ln T} = \alpha_T + \alpha_{TT} \ln\left(\frac{T}{L}\right) + \alpha_{TD} \ln\left(\frac{D}{L}\right) + \alpha_{TS} \ln\left(\frac{S}{L}\right) + \varepsilon_T$$

6.2 Die „Übersättigungstheorie" (Diebolt, 2001)

$$W_{DU} = \frac{\partial \ln U}{\partial \ln D} = \alpha_D + \alpha_{DT} \ln\left(\frac{T}{L}\right) + \alpha_{DD} \ln\left(\frac{D}{L}\right) + \alpha_{DS} \ln\left(\frac{S}{L}\right) + \varepsilon_D$$

$$W_{SU} = \frac{\partial \ln U}{\partial \ln S} = \alpha_S + \alpha_{SD} \ln\left(\frac{T}{L}\right) + \alpha_{SD} \ln\left(\frac{D}{L}\right) + \alpha_{SS} \ln\left(\frac{S}{L}\right) + \varepsilon_S$$

$$W_{PV} = \frac{\partial \ln V}{\partial \ln P} = \alpha_P + \alpha_{PP} \ln\left(\frac{P}{E}\right) + \alpha_{PA} \ln\left(\frac{A}{E}\right) + \alpha_{PM} \ln\left(\frac{M}{E}\right) + \varepsilon_P$$

$$W_{AV} = \frac{\partial \ln V}{\partial \ln A} = \alpha_A + \alpha_{AP} \ln\left(\frac{P}{E}\right) + \alpha_{AA} \ln\left(\frac{A}{E}\right) + \alpha_{AM} \ln\left(\frac{M}{E}\right) + \varepsilon_A$$

$$W_{MV} = \frac{\partial \ln V}{\partial \ln M} = \alpha_M + \alpha_{MP} \ln\left(\frac{P}{E}\right) + \alpha_{MA} \ln\left(\frac{A}{E}\right) + \alpha_{MM} \ln\left(\frac{M}{E}\right) + \varepsilon_M$$

Mit ε_i als den zufällig Verteilten Residuen.

Wenn der Gesamtoutputfunktion eine separable und linear homogene Cobb-Douglas-Funktion zugrunde gelegt wird, kann sie wie folgt ausgedrückt werden:

$$\ln Q = \ln \Lambda + \alpha_U \ln U + \alpha_V \ln V \quad \text{mit } \alpha_U + \alpha_V = 1$$

Und:

$$\ln Q = \ln \Lambda' + \sum_Z \beta_Z \ln Z + \frac{1}{2} \sum_Z \beta_{ZZ} (\ln Z)^2 + \sum_Z \sum_I \beta_{ZI} \ln Z \ln I$$

$$Z, l = T, D, S, L, P, A, M, E \quad \text{mit} \sum_Z \beta_Z = 1; \sum_Z \beta_{ZI} = 0$$

Unter Berücksichtigung der Annahmen erhält man:

$$\beta_{HX} = \beta_{XH} = \beta_{HY} = \beta_{YH} = 0; \beta_{JX} = \beta_{XJ} = \beta_{JY} = \beta_{YJ} = 0$$

Die Beziehungen zwischen der Teilfunktionen und der Gesamtfunktion sind wie folgt:

$$\ln \Lambda' = \ln \Lambda + \alpha_U \ln \Lambda_U + \alpha_V \ln_V$$

$$\beta_H = \alpha_U \alpha_H; \beta_X = \alpha_V \alpha_X$$

$$\beta_{HH} = \alpha_U \alpha_{HH}; \beta_{XX} = \alpha_V \alpha_{XX}$$

$$\beta_{HJ} = \beta_{JH} = \alpha_U \alpha_{HJ} = \alpha_U \alpha_{JH}$$

$$\beta_{XY} = \beta_{YX} = \alpha_V \alpha_{YX} = \alpha_V \alpha_{XY}$$

Durch die Ableitung der Gesamt-Translog-Funktion nach der Häufigkeit der 8 Inputs, erhält man 8 Gleichungen mit 4 Variablen der allgemeinen Form:

$$W_Z = \frac{\partial \ln Q}{\partial \ln Z} = \beta_Z + \sum_I \beta_{ZI} \ln I \quad Z, I = T, D, S, L, P, A, M, E$$

Nach der Schätzung der Parameter $\cdot^{ZI}$ können sie für die Schätzung der Nettokreuzelastizitäten (die verschiedenen Inputpaare einer gleichen Untergruppe) nach Hicks-Allen verwendet werden. Letztere werden wie folgt berechnet:

$$\eta_{HJ} = \frac{\beta_{HJ} + W_H W_J}{W_J} \neq \frac{\beta_{JH} + W_J W_H}{W_H} = \eta_{JH} \quad H, J = T, D, S, L$$

$$\eta_{XY} = \frac{\beta_{XY} + W_X W_Y}{W_Y} \neq \frac{\beta_{YX} + W_{JY} W_X}{W_X} = \eta_{YX} \quad X, Y = P, A, M, E$$

Diese Elastizitäten erlauben die Berechnung des Nettoeinflusses einer Einkommensvariation eines Inputs auf die Attraktivität eines anderen Inputs der gleichen Untergruppe. Daraus resultieren zwei Phänomene: die Bruttoelastizitäten (*) und die Skaleneffekte.

Die Bruttoelastizitäten berechnen sich wie folgt:

$$\eta *HJ = \frac{\alpha_{HJ} + W_{HU} W_{JU}}{W_{JU}} \neq \frac{\alpha_{JH} + W_{JU} W_{HU}}{W_{HU}} = \eta *JH$$

$$\text{mit } H, J = T, D, L, S$$

$$\eta *XY = \frac{\alpha_{XY} + W_{XV} W_{YV}}{W_{YV}} \neq \frac{\alpha_{YX} + W_{YV} W_{XV}}{W_{XV}} = \eta *YX$$

$$\text{mit } X, Y = P, A, M, E$$

Der Skaleneffekt berechnet sich aus dem Produkt des Inputs einer Untergruppe und der dazugehörigen Preis- (Einkommens-) Elastizität der Untergruppe:

$$\eta_{HJ} = \eta *_{HJ} + W_{HU} \cdot \eta_{UU} \quad H, J = T, D, L, S$$

$$\eta_{XY} = \eta *_{XY} + W_{XV} \cdot \eta_{VV} \quad X, Y = P, A, M, E$$

W_{HU} und W_{XV} sind jeweils die Anteile von H und X bei der Bildung von U und V und $\cdot_{UU}$ und $\cdot_{VV}$ sind die eigenen Elastizitäten von U und V entlang von Q.

Wenn die Nettoelastizitäten positiv sind, dann gibt es ein Komplementaritätsverhältnis zwischen den beiden betreffenden Faktoren. Wenn sie negativ sind, dann herrscht Substituierbarkeit vor.

In Hinblick auf die empirische Verifizierung wendet C. Diebolt sein Modell auf Deutschland zwischen 1820 und 1941 an.

6.2 Die „Übersättigungstheorie" (Diebolt, 2001)

Er kommt zu den folgenden Schlussfolgerungen: Die Netto- und Bruttoelastizitäten weisen eine Substituierbarkeit zwischen den Studienrichtungen und den Berufen auf. Das bedeutet, dass sich die Mitgliederzahl der Studienrichtung H in umgekehrter Richtung zu den erwarteten Gehältern in J bewegen. Zudem sind die eigenen Elastizitäten positiv, was eine parallele Entwicklung der Mitgliederzahl der Fakultäten und der Berufe und ihrer jeweiligen Renditen aufzeigt.

Der Autor identifiziert drei Gründe dieses Phänomens:
- Die Karriereentscheidungen der Studenten hängen von ihrem erwarteten Einkommen ab;
- Junge Absolventen werden aufgrund der Überalterung im entsprechenden Beruf benötigt;
- Es gibt eine große Nachfrage aufgrund der Anzahl der zu besetzenden Stellen.

Diese Resultate erlauben die Erklärung des Verhaltens der Studierenden gegenüber dem Arbeitsmarkt und insbesondere der Gehaltsentwicklungen. Der Autor schematisiert dieses Phänomen in Abb. 6.3.

Diese Entwicklungen haben wichtige Konsequenzen im Bereich der gegenwärtigen und zukünftigen Wirtschaftspolitik, da sie die Mittel aufzeigen, die das Wirtschaftswachstum ankurbeln könnten: entweder durch eine Veränderung der Anreize für die Studenten oder durch die Entwicklung und die Erhaltung bestimmter Berufszweige. Alles in allem hat das Einstellungssystem die zentrale Rolle im Regulierungsmechanismus zwischen den Ausgebildeten und dem Arbeitsmarkt inne.

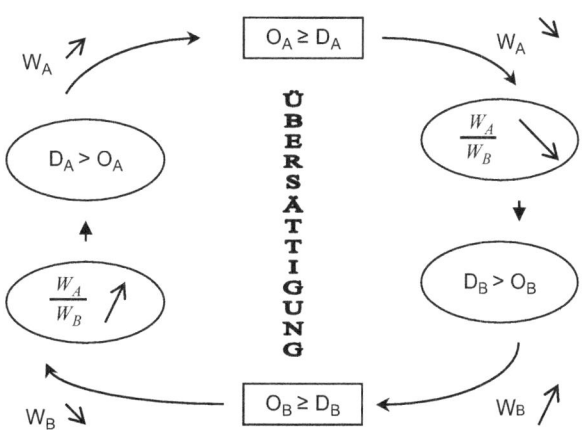

Abb. 6.3 Übersättigungsschema. Quelle: Diebolt (2001)

Literatur

Christensen, L. R., Jorgenson, D., & Lau, L. J. (1973). Transcendental logarithmic production frontiers. *The Review of Economics and Statistics, 55*(1), 28–45.
Diebolt, C. (2001). La théorie de l'engorgement. *Economie Appliquée, 54*(4), 7–31.
Duncan, G., & Hoffman, S. (1981). The incidence and wage effects of overeducation. *Economics of Education Review, 1,* 75–86.
Freeman, R. (1971). *The market for college-trained manpower. A study in the economics of career choice.* Cambridge: Harvard University Press.
Freeman, R. B. (1976). *The overeducated American.* New York: Academic Press.
Glebbeck, A., & Wielers, R. (1995). Graduates and the labour markets in the Netherlands: Three hypothesis and some data. *European Economic Journal, 30,* 11–30.
Hartog, J. (2000). Over education and earnings: Where are we and where should we go? *Economics of Education Review, 19,* 131–147.
Rumberger, R. (1987). The impact of surplus schooling on productivity and earnings. *Journal of Human Resources, 22,* 24–50.

Kapitel 7
Hochschulsektor und Gleichheit

Zusammenfassung Ungleichheiten spielen insbesondere im Bildungsbereich eine große Rolle. Die Bedeutung der sozialen Herkunft wird von Boudon hervorgehoben. Neben der sozialen Ungleichheit kann es auch räumliche Disparitäten in der Bildung und in der Wirtschaftskraft geben. Daher steht die Frage der Konvergenz von Wirtschafts- und Bildungsräumen im Zentrum einer Reihe von Untersuchungen verschiedener weiterer Autoren.

Seit einigen Jahren haben sich Autoren mit dem Problem der Ungleichheit im Hochschulbereich beschäftigt, wie z. B. (Vallet, 1988), (Galland & Rouault, 1996) und andere. Eine frühe Modellierung wurde von R. Boudon entworfen.

7.1 Das Modell von R. Boudon (1973)

Das Grundproblematik ist einfach: Spiegeln die Ungleichheiten unterschiedliche Dispositionen gegenüber der Schule wider, oder sind sie das Ergebnis familiärer Entscheidungen unterschiedlicher sozialer Herkunft auf jeder Stufe der Schullaufbahn?

Bernstein (1975) sieht ersteres als vorherrschend: Der Erwerb von Schulwissen hängt vom sozialen Milieu des Kindes ab.

Boudon sieht letzteres als wahrscheinlicher an: Die sozialen Dispositionen spielen eine kleinere Rolle als die Summe einer Reihe von Arbitrageentscheidungen. Er betrachtet die Wahrscheinlichkeit des Studienbeginns an einer Hochschule als das Ergebnis einer Reihe von „Überlebenswahrscheinlichkeiten" in der Schule, die sich an acht Bifurkationspunkten ergeben:

- Abschluss oder nicht der Primarbildung
- Beginn oder nicht der Sekundarbildung
- Abschluss oder nicht der Sekundarbildung I
- Beginn oder nicht der Sekundarbildung II
- Abschluss oder nicht der Sekundarbildung II
- Erfolgreiches Bestehen oder nicht der Abschlussprüfung der Sekundarbildung II
- Beginn oder nicht der tertiären Bildung
- Überleben in der tertiären Bildung oder Studienabbruch

In jeder Etappe hängt die Eintrittswahrscheinlichkeit eines Ereignisses von der sozialen Herkunft des Individuums ab: Je höher die soziale Herkunft eines Individuums, desto höher ist der Anteil der Individuen, dich sich für einen Weg bis zum Abschluss der tertiären Bildung entscheiden.

Dies kann durch folgende zwei Phänomene erklärt werden:
- In den reichen Klassen gibt es eine besseres kulturelles Erbe und dadurch ist die Wahrscheinlichkeit des Erfolgs in einem „prestigeträchtigen" langen Bildungsweg höher;
- In diesen Klassen ist die Motivation für den „prestigeträchtige" Bildungsweg höher, da dessen Nichterreichen als Scheitern angesehen wird; wohingegen der Abschluss in einem „weniger prestigeträchtigen"kurzenBildungswegals Erfolg in den weniger reichen Klassen wahrgenommen wird.

Aus diesen Gründen stellt Boudon die folgenden Annahmen auf:
- In einer Schülergeneration haben einige Kinder eine größere Disposition für die Schule als andere und der Anteil der Kinder mit hohem Potential wird in den höheren Schichten der Gesellschaft als höher angenommen;
- Bei gegebener sozialer Herkunft hängt der Erfolg eines Individuums nicht vom ursprünglichen Potential ab.
- Bei gegebener sozialer Herkunft und gegebenem ursprünglichem Potential sind die Ergebnisse in den verschiedenen Schulstufen die gleichen;
- Bei gegebenem schulischem Potential ist die Wahrscheinlichkeit der Aufgabe der Schul- oder Studienlaufbahn desto kleiner, je höher die soziale Herkunft ist.

Jede Bildungsstufe wird folgendermaßen dargestellt (Abb. 7.1).
Die Beziehungen (1) und (2) sind unabhängig der betrachteten Bildungsstufe, aber (2) hängt von der sozialen Herkunft des Individuums ab.

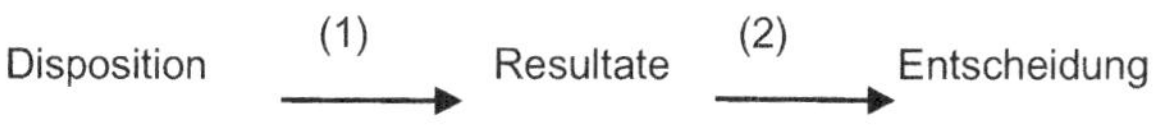

7.1 Das Modell von R. Boudon (1973)

Disposition —(1)→ Resultate —(2)→ Entscheidung

Abb. 7.1 Bildungsstufen. Quelle: Goux und Maurin (1995)

Die Bildungslaufbahn nimmt daher die Form eines Baums (siehe unten) mit acht Bifurkationspunkten an; bei jeder Bifurkation gibt es zwei Ereignismöglichkeiten: In der Bildungslaufbahn zu überleben oder nicht. Gemäß Boudon ist die Überlebenswahrscheinlichkeit eines Individuums zum Zeitpunkt (t + 1), wenn ein Individuum eine Überlebenswahrscheinlichkeit p zum Zeitpunkt t hat:

$$p + (1-p)$$

Allgemeiner betrachtet, ist die Abbruchwahrscheinlichkeit an der n-ten Bifurkation gleich:

$$p^{n-1}(1-p)$$

Ein die Bildungslaufbahn darstellender Baum befindet sich in Abb. 7.2.

Wenn nacheinander die Wahrscheinlichkeiten an jeder Stufe multipliziert werden, erhält man daher die Ungleichheiten beim Hochschulzugang.

Unter der Annahme von 2 Schülerkategorien (begabt und nicht begabt), und 2 Stufen in der Bildungslaufbahn (Beginn der Sekundarstufe und Beginn der tertiären Stufe), kann das Modell für jede soziale Herkunftsklasse i wie folgt formalisiert werden:

$$(1-p_i)f_i + (1-q_i)(1-f_i) = s_{i,3}$$
$$p_i(1-p_i)f_i + q_i(1-q_i)(1-f_i) = s_{i,2}$$
$$p_i^2 f_i + q_i^2(1-f_i) = s_{i,1}$$

mit:

- $s_{i,j}$ ist der Schüleranteil der Herkunft i, die aus dem Schulsystem des Niveaus j hervorgegangen sind;
- p_i (bzw. q_i) ist die Erfolgsrate der begabten (bzw. nicht begabten) Schüler an jeder Bifurkation

Abb. 7.2 Baum der Bildungslaufbahn. Quelle: Jaoul (2004)

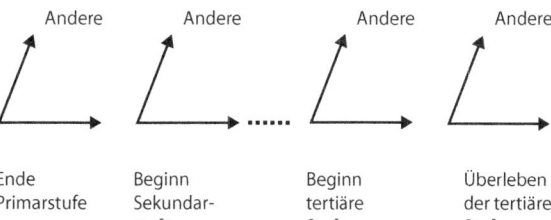

- f_i ist der Anteil der begabten Schüler in der Herkunftsklasse i;
- $p_i, q_i) \in [0, 1]$;

Selbst unter der Annahme, dass die Erfolgsrate nicht zwischen den Klassen variiert, kommt Boudon zu Ergebnissen mit beibehaltenen Ungleichheiten.

Dieses Modell kann dennoch einer grundlegenden Kritik durch die Nichtberücksichtigung aller Faktoren unterzogen werden, die einen Einfluss im Moment der Entscheidung bei jeder Bifurkation haben können. Die Annahme der Unabhängigkeit zwischen der Entscheidung und äußeren Faktoren (insbesondere die Probleme der Berufsaussichten) ist sehr stark kritikwürdig.

Die Auswirkungen des Models sind aber sehr kompatibel mit den schulischen Gegebenheiten der industriellen Gesellschaften und geben relativ genau die Entwicklung des Bildungssystems wieder.

Wenn, wie oben aufgeführt, Ungleichheiten im mikroökonomischen Bereich vorkommen, dann zeigt sich dieses Phänomen auch auf makroökonomischem Niveau und in unterschiedlichen Wirtschaftseinheiten: Kreise, Bundesländer und Staaten.

Wie sehen daher jetzt im 21. Jahrhundert die regionalen oder sogar nationalen Ungleichheiten im Bildungssektor aus? Wie können diese Unterschiede gemessen werden?

7.2   Die räumlichen Disparitäten im Bildungssektor

Auch wenn heutzutage zahlreiche statistische Maßzahlen der Ungleichheit zur Verfügung stehen, so ist das neoklassische Erbe nicht weniger wichtig für die Bewertung der Ungleichheitsentwicklung.

Zum Beispiel ist eines der wichtigsten Themen in der makroökonomischen Literatur seit mehr als 20 Jahren die Konvergenz der regionalen oder nationalen Volkswirtschaften. Im Bereich der neoklassischen Wachstumsmodelle haben viele Arbeiten die Wirtschaftsentwicklungen untersucht, um festzustellen, ob sich ein Konvergenzprozess zwischen den Volkswirtschaften beobachten lässt. Die grundlegende Frage ist, ob die Volkswirtschaften zu den gleichen Einkommensniveaus oder pro-Kopf-Produktion konvergieren. Anders ausgedrückt, ob es einen Aufholmechanismus gibt, der es einer Volkswirtschaft erlaubt, das Pro-Kopf-Einkommen einer bereits stärker entwickelten Volkswirtschaft zu erreichen.

1956 ist R. Solow zum Schluss gekommen, dass die Volkswirtschaften natürlich zu einem stationären Zustand mit einer Geschwindigkeit v konvergieren, sodass:

$$v = (1-\alpha)(n + \lambda + \delta)$$

Mit n als Wachstumsrate der aktiven Bevölkerung, α als Produktionselastizität zum Kapital, λ als der Wachstumsrate der technischen Fortschritts und δ als der Abschreibungsrate des Kapitals.

7.2 Die räumlichen Disparitäten im Bildungssektor

> Etwas neuere Untersuchungen des Wirtschaftswachstums durch R. Barro und X. Sala-i-Martin in den Jahren 1992 und 1995 beschreiben zwei Konvergenztypen:
> - Die β-Konverenz (absolute Konvergenz): Es liegt eine Konvergenz vor, wenn eine arme Volkswirtschaft mit einer reichen Volkswirtschaft im Bereich des Pro-Kopf-Einkommens oder der Pro-Kopf-Produktion aufholt.
> - Die σ-Konvergenz (Streuung in einem Querschnitt): Es liegt eine Konvergenz vor, wenn die Streuung, gemessen durch Standardabweichung des logarithmisierten Einkommens (oder der Produktion) pro Kopf einer Gruppe ökonomischer Einheiten, über den Zeitverlauf abnimmt.

Der Koeffizient der absoluten Konvergenz wird mit einer nichtlinearen Regression von Querschnittsdaten der folgenden Form geschätzt:

$$\frac{1}{T-t}\ln\left(\frac{Y_{iT}}{Y_{it}}\right) = B - \left(\frac{1-e^{-\dagger(T-t)}}{T-t}\right)\ln Y_{it} + u_i$$

Mit t und T als dem ersten bzw. letzten Jahr des Beobachtungszeitraums, i als ökonomischer Einheit, Y als wirtschaftlicher Indikator pro Kopf und u als Residuum.

Wenn eine Konvergenz vorliegt, sind die durchschnittliche Wachstumsrate über den Beobachtungszeitraum und das logarithmisierte Anfangsniveau des wirtschaftlichen Indikators pro Kopf negativ miteinander verknüpft. Das impliziert einen positiven β-Koeffizienten. Für eine Gruppe von n Einheiten i, i = 1 bis n, gibt es ein Aufholen zwischen den Zeitpunkten t und T, wenn der β-Koeffizient positiv signifikant ist. Zudem bestimmt die Höhe des β-Koeffizienten die Geschwindigkeit des Aufholens des wirtschaftlichen Indikators pro Kopf der armen Volkswirtschaft mit der reichen Volkswirtschaft.

Nachdem die vorherige Gleichung mit der Methode der nichtlinearen kleinsten Quadrate geschätzt wurde, besteht der Test auf Konvergenz aus einem Signifikanztest des β-Koeffizienten. Das heißt, es werden die folgenden Hypothesen getestet:

- $H_0: \beta = \beta_0$, es gibt keine Konvergenz, mit $\beta_0 = 0$.
- $H_1: \beta \neq 0$, es gibt Konvergenz.

Dafür wird Students T-Test verwendet: $t_c = \dfrac{\hat{\beta} - \beta_0}{\hat{\sigma}_{\hat{\beta}}}$, der einer Studentschen t-Verteilung mit (n-k) Freiheitsgraden (ausgedrückt durch T(n-k)) folgt. n ist die Beobachtungszahl (hier die ökonomischen Einheiten) und k ist die Anzahl der geschätzten Parameter.

> Bei einem Fehler erster Art α von 5 %, lautet die Entscheidungsregel:
> - Wenn $|t_c| < T_{95\%}(n-k)$, wird die Hypothese Ho angenommen.
> - Wenn $|t_c| > T_{95\%}(n-k)$, wird die Konvergenzhypothese angenommen, wenn β > 0.

Schließlich kann über die Untersuchung der Höhe des β-Koeffizienten über den gesamten Zeitraum herausgefunden werden, in welchem Zeitraum und Unter-Zeitraum das Aufholen am stärksten war.

Eine ganze Anzahl von Autoren hat sich für die Idee der Konvergenz und seine empirische Verifizierung interessiert. Zunächst haben Barro und Sala i Martin (1992) die Konvergenz zwischen den Staaten der USA, zwischen den Regionen Japans und zwischen acht europäischen Ländern untersucht. Lee und Coulombe (1995) zeigten, dass sich seit 1926 im Durchschnitt eine Konvergenz der kanadischen Provinzen vollzieht, wodurch er Lefebvre (1994) Ergebnisse bestätigt. In der Folge untersuchten Persson (1994) und Carluer und Shapirova (2001) die Konvergenz in Schweden bzw. in Russland.

Canals, Diebolt und Jaoul (2003) haben diese Vorgehensweise im Fall des Anteils des französischen Hochschulsektors an der gesamten Anzahl der Schul- und Studienbesuche zwischen 1964 und 2000 angewendet.

In den 80er Jahren entwickelten sich neue Theorien, die sich vollkommen von der neoklassischen Sichtweise und dem Standardmodell von Solow absetzten. Diese Theorien endogenisierten den technischen Fortschritt und dadurch das Wirtschaftswachstum. Die Akkumulation des physischen Kapitals wurde der Humankapitalakkumulation untergeordnet. Mittlerweile scheint der Hochschulsektor mehr denn je eine zentrale Determinante des Wirtschaftswachstums zu sein.

Literatur

Barro, R., & Sala-i-Martin, X. (1992). Convergence. *Journal of Political Economy*, *100*, 223–251.
Bernstein, B. (1975). Class and pedagogies: Visible and invisible. In *Class, codes and control* (S. 116–156). London: Routledge and Kegan Paul.
Boudon, R. (1973). *L'inégalité des chances*. Paris: A. Colin.
Canals, V., Diebolt, C., & Jaoul, M. (2003). Convergence et disparités régionales du poids de l'enseignement supérieur en France: 1965–2000. *Revue d'Économie Régionale et Urbaine*, *4*, 649–669.
Carluer, F., & Sharipova, E. (2001). Regional Convergence in Russia? Or when Economic Geography Confirms Macroeconomic Analysis, *RECEP Working Paper*.
Galland, O., & Rouault, D. (1996). Des études supérieures inégalement rentables selon les milieux scolaires, *Insee Première*, 469, juillet.
Goux, D., & Maurin, E. (1995). Origine sociale et destinée scolaire. L'inégalité des chances devant l'enseignement à travers les enquêtes FQP 1970, 1977, 1985 et 1993. *Revue Française de Sociologie, 36*, 81–121.

Jaoul, M. (2004). *Economie de l'enseignement supérieur en France. Une analyse cliométrique. Université de Montpellier 1*, Thèse de doctorat en sciences économiques, 346p.
Lee, F., & Coulombe, S. (1995). Regional productivity convergence in Canada. *Canadian Journal of Regional Science, 18*, 39–56.
Lefebvre, M. (1994). Les provinces canadiennes et la convergence: une évaluation empirique, *Bank of Canada Research Paper* 94–10.
Persson, J. (1994). Convergence in per capita income and migration across the Swedish counties, 1906-1990. In *Institute for International Economic Studies*. Sweden: Stockholm University.
Vallet, L.A. (1988). L'évolution de l'inégalité des chances devant l'enseignement. Un point de vue de la modélisation statistique. *Revue Française de Sociologie, 29*, 395–423.

Kapitel 8
Die endogenen Wachstumstheorien

Zusammenfassung Während frühere Theorien den technischen Fortschritt als exogen betrachtet haben, wird dieser im Rahmen der endogenen Wachstumstheorien endogenisiert. Bildung und Wissen spielen eine herausragende Rolle in diesen Modellen. Einige der bedeutendsten Modelle in diesem Bereich sind u.a. Rebelos AK-Modell, das Lucas-Modell und das Romer-Modell. Diese und andere Modelle wurden auch bereits vielfach empirisch untersucht.

Die „neuen Wirtschaftswachstumstheorien", die Ende der 1980er Jahre entwickelt wurden, möchten im Vergleich zum Standardmodell des exogenen Wirtschaftswachstums einen großen Schritt vorwärts machen. Die unangemessene Annahme der Exogenität des technischen Forschritts wird fallen gelassen, um zu einem wirklich endogenen Wirtschaftswachstum zu kommen. Diese Theorien wurden mit der Kernidee entworfen, dass die Faktorerträge nicht mehr fallen, wenn andere Elemente, die endogen akkumuliert werden können (wie das physische Kapital und das Humankapital), mit in die Betrachtung eingeschlossen werden. Dieses endogene Kennzeichen des Wirtschaftswachstums kann ebenfalls in Erscheinung treten, wenn man von positiven Externalitäten ausgeht, die die fallende Grenzproduktivität des physischen Kapitals nicht mehr „ausgleichen". Diese Externalitäten stammen aus Aktivitäten wie der Forschung und Entwicklung, der Wissensverbreitung oder dem Aufbau der öffentlichen Infrastruktur. Insgesamt ist das Wirtschaftswachstum ein sich selbst tragender Vorgang, der sich bei konstanter Rate entwickelt, da die sich akkumulierenden Faktorerträge konstant sind.

Die gemeinsame Ambition der endogenen Wachstumstheorien besteht daher in dem Verständnis des langfristigen Wachstums des Pro-Kopf-Einkommens und in dessen Beschreibung als ein Produkt des Wirtschaftssystems. Die Entwicklungsunterschiede zwischen den Staaten und das Vorkommen der Divergenz werden damit theoretisch durch die Abhängigkeit des stationären Zustands von den Ausgangsbedingungen erklärt. Es sei in diesem Rahmen erwähnt, dass sich unter dem Gattungsbegriff endogenes Wachstum eine Vielzahl von Modellen verstecken.

Diese Theorien werden durch eine große Diversität an Wachstumsquellen gekennzeichnet, wie z. B. Investitionen in physisches Kapital, in Humankapital, in öffentliches Kapital, „learning by doing", Arbeitsteilung, Forschung und technologische Innovation. Diese Quellen wurden schon seit langem von Ökonomen identifiziert, insbesondere von Adam Smith (1776), aber das endogene Wachstum formalisiert sie zum ersten Mal und erlaubt daher eine bessere Einschätzung ihrer Konsequenzen. Ausgehend von diesem Gesichtspunkt präsentieren die folgenden Analysen zunächst die einfachste Version der endogenen Wachstumsmodelle – das AK-Modell – um danach die Akkumulationsfaktoren Humankapitalbildung und Forschungs- und Entwicklungsaktivitäten (FuE) als zentrale Wachstumsmotoren des endogenen Wachstums aufzuzeigen. Weitere Akkumulationsfaktoren, wie das „learning by doing" oder das öffentliche Kapital, werden in einem gemeinsamen und zusammengefassten Kapital in das Modell eingeführt (unsere Darstellung der Arbeiten zur endogenen Wachstumstheorie erhebt auf keinen Fall den Anspruch der Vollständigkeit).

Da die Prinzipien und Annahmen, die ein sich selbst tragendes Wachstum erlauben, allen Modellen gemein ist, ist ihre vollständige Darstellung nicht notwendig.

8.1 Das AK-Modell: Rebelo (1991)

Das AK-Modell ist die einfachste Version der endogenen Wachstumsmodelle. Diese Theorie eliminiert alle gegebenen Faktoren (die verfügbaren und an allen Zeitpunkten gleich hohen Faktoren wie Land, Rohstoffe, Arbeit, usw.), die nicht reproduzierbar und daher nicht akkumulierbar sind. Die Tatsache, dass sie nicht in der Kapitalgüterproduktion berücksichtigt werden, erlaubt endogenes Wachstum trotz der Abwesenheit von steigenden Skalenerträgen (diese werden als konstant angenommen) oder Externalitäten. Davon ausgehend besteht das Wesen des endogenen Wachstums in der exklusiven Verwendung der reproduzierbaren Faktoren (die akkumuliert werden können). Diese Kernannahme erlaubt, dass die Kapitalerträge konstant sind. Die Produktionsfunktion kann wie folgt zusammenfassend ausgedrückt werden:

$$Y = AK$$

A ist eine positive Konstante, ein exogener Skalenparameter, der das Technologieniveau angibt, K ist der Gattungsbegriff des Kapitals, eingeschlossen das Humankapital, der Wissensstock, das Finanzkapital, usw. Das Humankapital, das akkumuliert werden kann, kann durch den Faktor Arbeit (der nicht reproduzierbar ist) substituiert werden. Das Kapital ist daher ein zusammengefügtes Gebilde, ein Aggregat aller Akkumulationsfaktoren. Die Abwesenheit sinkender Kapitalerträge erlaubt ein sich selbst tragendes Wirtschaftswachstum. Das recht einfache Modell erlaubt die formale Quelle des endogenen Wachstums zu verstehen.

8.2 Bildung als Motor des sich selbst tragenden Wirtschaftswachstums

In den von Lucas (1988) und dann Azariadis und Drazen (1990) entwickelten Analysen hat der Bildungsbereich aufgrund der Verwendung einer „subjektiven" Auffassung des Wissens den Kern des Wachstumsprozesses inne.[1] Das Wissen ist ein rivalisierendes und den Ausschluss ermöglichendes Gut.[2] Die Individuen besitzen es in Form von Humankapital.

8.2.1 Das Lucas-Modell (1988)

Lucas analysiert die individuellen Entscheidungen des Wissenserwerbs, ihre Konsequenzen auf die Produktivität der Individuen und das gesamte Wirtschaftswachstum. Er betrachtet das Humankapital als eine Alternative und ein Komplement des technischen Fortschritts durch seine Funktion als Wachstumsmotor. Er definiert es als allgemeines Fähigkeitsniveau, die Gesamtheit der physischen, intellektuellen und technischen Fähigkeiten eines Individuums. Das Humankapital ist ein rivalisierendes und den Ausschluss ermöglichendes Gut, da es von in den Individuen inkorporiert wird. In seinem Modell koexistieren ein Produktionssektor und ein Bildungssektor. Der erste Sektor produziert die Güter auf der Basis des physischen Kapitals und einem Teil des Humankapitals, welches als akkumulierbar angenommen wird, mit einer nicht-abnehmenden, zumindest konstanten, Grenzproduktivität. Im zweiten Sektor bildet sich Humankapital und wird durch sich selbst akkumuliert, wobei ein Teil des Humankapitals nicht im Produktionssektor eingesetzt wird. Das Individuum steigert seine Bildung selbst unter Verwendung seiner Zeit und einem Teil seines bereits erworbenen Humankapitals.

Das Individuum verwendet daher seine nicht der Freizeit gewidmete Zeit den Aktivitäten der Produktion und der Bildung. Diese Allokation beeinflusst seine Produktivität und sein Humankapitalniveau h. Daher, wenn N Arbeiter, die als identische Agenten behandelt werden, das gleiche Fertigkeitsniveau h besitzen und einen Anteil u ihrer nicht der Freizeit gewidmeten Zeit der gegenwärtigen Produktion widmen, dann wird der übrige Anteil $1-u$ der Humankapitalakkumulation zugeteilt. Hiervon ausgehend kann die effektive Arbeitskraft, das heißt die Summe der menschlichen Fähigkeiten und Kenntnisse, die der Produktion gewidmet werden, wie folgt beschrieben werden:

$$L^e = uhN$$

---

[1] Die Auffassung des Wissens wird als subjektiv angesehen, das heißt den Individuen einverleibt, im Gegensatz zur objektivierten Auffassung, das heißt in einem Produkt materialisiert.

[2] Seine Verwendung durch einen Agenten schließt seine Verwendung durch ein anderes Individuum aus. Sein Besitzer kann andere mithilfe des technischen oder legalen Systems hindern, es zu verwenden.

Die Produktion ist eine Funktion des gesamten physischen Kapitals K und der effektiven Arbeit: $Y = F(K, L_e)$. Der Autor identifiziert zwei Effekte des Humankapitals. Der erste (interne) Effekt beeinflusst die eigene Produktivität des sich Humankapital aneignenden Individuums, während der zweite Effekt als extern betrachtet wird, da die Humankapitalakkumulation eines Agenten die Produktivität anderer verbessert. Dieser externe Effekt wird nicht bei den Entscheidungen der Zeitallokation der ökonomischen Agenten berücksichtigt. Diese Externalität in der Güterproduktion stellt das durchschnittliche Humankapital dar und nicht das gesamte Humankapital der Individuen, die an ihm teilhaben, h_a. Sie gründet sich auf der Idee, dass die Individuen durch das Zusammenbringen von gebildeten und qualifizierten Menschen produktiver seien, und dass aus diesem Zusammentreffen eine neue gesteigerte gemeinsame Fertigkeit aus dem Ideen- und Methodenaustausch hervorgeht. Im Gleichgewicht, in dem alle Individuen identisch sind, wird das durchschnittliche Fertigkeitsniveau h_a einfach zu h.

Im Produktionssektor ist die Güterproduktionstechnologie wie folgt:

$$Y(t) = N(t)c(t) + \dot{K}(t) = AK(t)^\beta [u(t)h(t)N(t)]^{1-\beta} h_a(t)^\gamma$$

c(t) ist der Pro-Kopf-Konsum. Das Technologieniveau A wird als konstant angenommen. Die Externalität ist hier nicht für ein endogenes Wachstum notwendig, da in der Produktionsfunktion ein akkumulierbarer Input, gemäß den nicht-abnehmenden Skalenerträgen – nämlich das Humankapital – den Faktor Arbeit ersetzt, wodurch ein positives Wachstum ermöglicht wird. Lucas verwendet dies zur Erklärung der Abhängigkeit der Pro-Kopf-Einkommensentwicklung von den Ausgangsbedingungen und daher der Persistenz der internationalen Entwicklungsunterschiede, sowie der Nicht-Konvergenz der Volkswirtschaften oder anderer Phänomene wie der Bevölkerungswanderungen (die jedoch über den Rahmen dieser Problematik hinausgehen).

Im Bildungsbereich wird das Humankapital von sich selbst produziert. Der der Humankapitalakkumulation gewidmete Aufwand $1-u(t)$ muss in Verbindung mit der Veränderungsrate seines Niveaus $h(t)$ gebracht werden. Der Erhalt endogenen Wachstums benötigt ohne die Berücksichtigung einer möglichen Externalität nichtfallende Erträge der Humankapitalakkumulation. Der Ausdruck $\dot{h}(t)$ führt nicht zu fallenden Erträgen des Humankapitalstocks $h(t)$:

$$\dot{h}(t) = h(t)\phi[1 - u(t)]$$

Da die Humankapitalakkumulation als linear angenommen wird (was allerdings fraglich ist, da man die Annahme treffen kann, dass der Humankapitalstock Schwelleneffekten unterliegt), hat sie nicht-fallende Grenzerträge, die ein unbegrenztes Wachstum begünstigen. Der Anreiz der Humankapitalinvestition ist nicht-abnehmend (die Funktion φ wird als nicht-abnehmend angenommen). Eine Erhöhung des Humankapitalstocks erfordert einen identischen Aufwand unabhängig vom bereits erreichten Niveau. Im Wesentlichen weist die Humankapitalakkumulation intrinsisch mindestens konstante Faktorerträge im Vergleich zum vorherigen Niveau auf. Die Steigerung des Humankapitals ist *relativ* gesehen unabhängig vom bestehenden Humankapitalstock: Das Kind, das lesen lernt, schreitet in einer Ausbildungsstunde in absoluten Werten weniger voran (sein Humankapitalstock ist sehr gering) als ein Ingenieur (dessen Humankapitalstock natürlich beträchtlich ist), der seine Methoden erweitert. Dennoch, in relativen Werten, schreitet das Kind gleich viel (oder sogar mehr) voran, sodass die Grenzproduktivität des Humankapitals immer (mindestens) konstant über den Zeitraum der Bildungsinvestition bleibt. Es handelt sich hierbei um ein von Lucas hervorgehobenes inhärentes Kennzeichen eines immateriellen Gutes. Die Wachstumsrate des Humankapitals erscheint daher unabhängig vom Ausgangsniveau des Humankapitals zu sein:

$$\dot{h}(t)/h(t) = g_h = \varphi(1-u(t)).$$

Zur Vermeidung eines konstanten Humankapitalstocks der Haushalte nimmt Lucas an, dass die Gleichung von $\dot{h}(t)$ einen repräsentativen Haushalt betrifft, dessen Lebensdauer unendlich ist. Diese Annahme erlaubt die Bestätigung, dass die Akkumulation keine abnehmenden Skalenerträge hat. Infolgedessen ist das Anfangsniveau jedes neuen Mitglieds proportional (und nicht gleich) dem bereits erreichten Niveau der älteren Familienmitglieder.

Der optimale Wachstumspfad entspricht der Wahl eines Konsumstroms und der gewählten Arbeitszeit (oder Studienzeit), die den intertemporalen Nutzen der Agenten unter den Nebenbedingungen der Akkumulation des physischen und des Humankapitals maximiert. Unter der Annahme einer geschlossen Volkswirtschaft und eines gegebenen Bevölkerungswachstums, n, wird die Präferenz des repräsentativen Haushalt durch die nachfolgende isoelastische Nutzenfunktion, bei der die Variable ρ die Präferenzrate für die Gegenwart und σ die konstante intertemporalen Substitutionselastizität ist, wie folgt ausgedrückt:

$$\int_0^\infty e^{-(\rho-n)t}[\frac{c(t)^{1-1/\sigma}}{1-1/\sigma}]dt$$

Die Verwendung der dynamischen Optimierung löst das Maximierungsproblem und determiniert den Wert von g, der gemeinsamen Wachstumsrate des Konsums, des Kapitals und des Produkts:

$$g = g_k = (1-\beta+\gamma)g_h/(1-\beta) = \varphi(1-\beta+\gamma)(1-u)/(1-\beta)$$

Der Wachstumsmotor beinhaltet daher die Effektivität der Humankapitalakkumulation, φ, die Größe der Externalität, die er auf die Produktion ausübt, γ, und den Anteil der verfügbaren Zeit, die der Humankapitalakkumulation gewidmet wird (*1-u*). Die Quelle des Wachstums liegt somit in der unendlichen Humankapitalakkumulation h, deren Erträge nicht fallend sind. Mit anderen Worten, die lineare Steigerung von h in jeder Periode erklärt die potentiell unendliche Möglichkeit der wirtschaftlichen Expansion; die Existenz der durch den Parameter γ gemessenen Externalität ist nicht unverzichtbar für den Erhalt positiven Wachstums, sie beschränkt sich auf dessen Beschleunigung. Seine Existenz führt jedoch zur Unterscheidung des Gleichgewichts vom Optimum sowie zur Berücksichtigung der unzulänglichen Bildungsinvestitionen, welche die öffentliche Bildungspolitik rechtfertigt. Dennoch wirft die für die Funktion φ aufgestellte Annahme einige Fragen auf. Auf welche Argumente stützt sich Lucas, um zu beweisen, dass die Humankapitalakkumulation nicht fallende Erträge aufweist? Ist die von Uzawa (1965) aufgestellte Annahme, dass die gleiche Funktion fallend ist, nicht genauso realistisch? Das endogene Wachstum basiert auf einer sehr speziellen Annahme, die man leicht in Frage stellen kann: Nicht die Wachstumsrate, sondern sein Niveau, würde vom Bildungsaufwand abhängen. Zusammenfassend kann man sagen, dass das endogene Wachstum, entgegen der Annahme von Lucas, doch eher auf der Existenz von Externalitäten aufgrund der Humankapitalakkumulation basiert als auf den nicht fallenden Erträgen jener Akkumulation.

Die Modelle von Lucas und Uzawa scheinen sehr ähnlich zu sein, abgesehen von der von Mino unterstrichenen Tatsache, dass Uzawa die Annahme von Marshall-Externalitäten in der Humankapitalakkumulation ablehnt. Mit anderen Worten, er erwägt nicht die Annahme steigender Skalenerträge. Jedoch führt Lucas die Möglichkeit eines sich nicht im Gleichgewicht befindenden Wachstums und *a fortiori* einer nicht pareto-optimalen Situation auf. Daher liegt der größte Unterschied zwischen den Modellen im Bereich der Eigenschaften der Faktoren und der formulierten Annahme zur Bildungsfunktion φ. Bei Lucas substituiert Humankapital den Faktor Arbeit. Es wird ein Akkumulationsfaktor, der zu einem selbst tragenden Wachstum führt. Die Funktion φ wird als nicht fallend angenommen, wodurch eine unendliche Humankapitalakkumulation, Quelle eines endogenen Wachstums, ermöglicht wird. Uzawa bleibt bei der „klassischen" Idee des nicht reproduzierbaren Faktors Arbeit. $A(t)$ kann sofort geändert werden und wird nicht von der Vergangenheit beeinflusst. Die Funktion φ hat fallende Erträge. Daraus ergibt sich, dass die Wachstumsrate der Volkswirtschaft immer noch von exogenen Elementen wie dem Wachstum der aktiven Bevölkerung, dem Tempo des technischen Fortschritts oder der Verbesserung der Effektivität der Arbeit abhängt.

Das Lucas-Modell ist die Referenz von vielen Analysen, die sich dem Einfluss der Bildungsinvestitionen auf das Wirtschaftswachstum widmen. Die Sichtweise Chamley (1993), ist zum Beispiel identisch mit der von Lucas. Jedoch ist seine Konzipierung der Externalitäten anders. Bei Lucas treten sie zwischen den Humankapitalstocks verschiedener Individuen auf, wohingegen sie bei Chamley, zwischen Humankapitalakkumulationsströmen (zum Beispiel bei gemeinsam arbeitenden Forschern) auftreten.

Die Humankapitalakkumulation wird wie folgt verändert:

$$\dot{h} = h_t \phi(u_t, \overline{h_t})$$

h ist das durchschnittliche Humankapitalniveau. Chamleys Schlussfolgerungen zur großen Bedeutung einer konsequenten Investition in Humankapital als wichtigster Wachstumsquelle sind jedoch mit jenen von Lucas identisch.

8.2 Bildung als Motor des sich selbst tragenden Wirtschaftswachstums   73

Caballé und Santos (1993) berücksichtigen nicht die Existenz von Externalitäten. Sie treffen die Annahme, dass physisches Kapital einen Input der Humankapitalproduktion darstellt. Die Humankapitalakkumulation ist daher wie folgt:

$$\dot{h}(t) = \phi[\frac{(1-v(t))K(t)}{N_0}, (1-u(t))h(t)] - (\nu + \theta)h(t)$$

Die Bildungsfunktion φ wird daher eine steigende Funktion der zwei Kapitaltypen. $v(t)$ ist der Anteil des physischen Kapitals, der der Produktion von Konsumgütern gewidmet ist, $u(t)$ der Anteil, der dem produktiven Sektor des Humankapitals gewidmet ist, ν die Wachstumsrate des Humankapitals, θ die konstante Abschreibungsrate des Humankapitals und N_0 der Anfangszustand der Bevölkerungsvariable. Das Humankapital bleibt ein Schlüsselfaktor des endogenen Wachstums. Von einem gegebenen Gleichgewicht ausgehend führt eine Humankapitalzuführung die Volkswirtschaft zu einem neuen Gleichgewichtszustand mit höheren Niveaus an physischen Kapital und Konsum. Zudem bringt eine Erhöhung des physischen Kapitals einen Akkumulationsprozess des Humankapitals in Gang, der für Wachstum förderlich ist.

Die Tatsache, dass in diesen verschiedenen Modellen die Steigerung des durchschnittlichen Humankapitalniveaus linear sein soll, wirft jedoch einige Fragen auf. Ist es nicht denkbar, dass die Humankapitalakkumulation eines repräsentativen Individuums vom bereits erreichten Niveau seiner Eltern abhängt, vom durchschnittlichen Niveau der Volkswirtschaft oder des Anfangsniveaus des Individuums? Ist die Annahme eines Individuums, dessen Lebensdauer unendlich sei, nicht „gewagt" und zu vereinfachend? In jedem Fall zeigen Azariadis und Drazen (1990), dass die Humankapitalakkumulation Schwelleneffekte aufzeigt, und begründen dadurch die Möglichkeit multipler Gleichgewichte und anhaltender Unterschiede zwischen den Pro-Kopf-Wachstumsraten der nationalen Volkswirtschaften.

8.2.2 *Das Modell von Azariadis und Drazen (1990)*

Azariadis und Drazen stellen ein endogenes Wachstumsmodell mit sich überlappenden Generationen auf, bei dem das Humankapital der Wachstumsmotor ist, da seine Akkumulation steigende soziale Skalenerträge aufweist. Die identischen Individuen leben in zwei Perioden: die Erste ist der Ausbildung und der Arbeit gewidmet, während die Zweite ausschließlich der Arbeit bestimmt ist (die investierte Zeit in der Bildung während ihrer Jugend wird in spätere Arbeitsqualität umgewandelt). Am Ende ihres Lebens vererben sie ungewollt einen Teil ihres Humankapitals ihren Nachkommen. Das zum Zeitpunkt t geborene Individuum erbt einen Humankapitalbetrag h_t und widmet einen Teil seiner Zeit u_t der Verbesserung seiner Arbeitsqualität; seine effektiven Arbeitseinheiten in $t + 1$ hängen von diesen zwei Elementen ab:

$$h_{t+1} = h_t \varphi(u_t, h_t)$$

Die Funktion φ, die Technologie der Bildungsproduktion, ist steigend, konkav und hat fallende Erträge. Das vererbte Humankapital übt einen positiven externen Effekt auf die Effektivität des Lernens aus. Unter der Annahme, dass die Bildung nur finanzielle Vorteile mit sich bringt, wählt ein Individuum sein Bildungsniveau und damit die Höhe seiner Humankapitalinvestition ausschließlich anhand des Ziels aus, seinen Nettoeinkommenswert (der beiden Perioden) zu maximieren. Aufgrund seines nicht-altruistischen Optimierungskalküls, berücksichtigt es nicht sein Humankapitalvermächtnis, das es am Ende seines Lebens zugunsten seiner Nachkommen hinterlassen wird, wodurch eine intergenerationelle Externalität eingeführt wird.

Die Produktion besteht aus zwei Produktionsfaktoren, Kapital und Arbeit. Letzterer wird in diesem Zusammenhang ein Akkumulationsfaktor dank der Bildungsanstrengungen und des intergenerationellen Vermächtnisses. Formal lautet die Produktion wie folgt:

$$L_t = (1-u_t)h_t + h_t$$

Der erste Term ist das Arbeitsangebot der jungen, der zweite das der alten Personen, das vom Bildungsaufwand in der vorherigen Periode und dem durchschnittlichen erworbenen und vererbten Humankapital der vorherigen Generation abhängt. Das Arbeitsangebot weitet sich immer aus, nicht nur aufgrund exogener Gründe, wie dem Bevölkerungswachstum, sondern auch aus endogenen Gründen, die mit den Humankapitalinvestitionen zusammenhängen. Wenn der Bildungsaufwand Null ist, dann bleibt das Humankapital von einer zur nächsten Generation konstant; es bleibt so während des gesamten Lebens eines Individuums: Damit wäre das Wirtschaftswachstum ebenfalls Null. Ein strikt positiver Bildungsaufwand ist für Wachstum notwendig. Die Hauptbedingung für den Erhalt eines sich tragenden Wachstums liegt in der Existenz einer hohen Investitionsrate des Humankapitals im Vergleich zum Pro-Kopf-Einkommen. Die intergenerationale Externaltität, verbunden mit einer positiven Bildungsinvestition, erlaubt ein unbegrenztes Wachstums des durchschnittlichen Humankapitals und daher ein starkes Wirtschaftswachstum. Diese zwei Elemente erklären die Entwicklungsunterschiede zwischen den Ländern: Die Länder, bei denen das Humankapital keinen ausreichenden qualitativen Schwellenwert erreicht, bleiben arm - in der sogenannten „Unterentwicklungsfalle".

Der „Take-off" im Rostowschen Sinne,[3] wäre daher abhängig vom Humakapitalniveau in der Volkswirtschaft und dem Aufwand, der betrieben wird, um die Bildung zu erhöhen.

In der Folge dieser Arbeiten entwickelten Saint-Paul und Verdier (1993) ein nicht überlappendes Generationenmodell. Sie treffen die Annahme der Existenz einer unendlichen Anzahl von Generationen, die jeweils eine Periode lang leben: Die Gesamtbevölkerung jeder Generation ist konstant und gleich 1. Die Autoren legen

---

[3] In seinem Werk *The Stages of Economic Growth* stellt W. Rostow (1960) die Wirtschaftsentwicklung der Gesellschaften in fünf Stufen dar: die traditionelle Gesellschaft, die Voraussetzungen für den „Take-off", der „Take-off", die Entwicklung zur wirtschaftlichen Reife und die Ära des Massenkonsums.

8.2 Bildung als Motor des sich selbst tragenden Wirtschaftswachstums

den Akzent auf die Umverteilungsfragen im Bereich der öffentlichen Bildung, das heißt einer egalitär angeboten Bildung, die durch eine proportionale Einkommenssteuer finanziert wird. Diese Form der Umverteilung führt zu keinen Nachteilen beim Wachstum, da sie das Humankapitalniveau in der Volkswirtschaft erhöht und zur gleichen Zeit zu einem Zuschuss in der Verteilung der Einkommen führt. Die öffentliche Bildung erscheint wie ein Element der intergenerationalen Umverteilung und als eine Humankapital (Quelle des Wirtschaftswachstums) bildende Aktivität. Das individuelle Humankapital enthält einen vererbten Bestandteil und ein aus der öffentlichen Bildung hervorgegangenes Element, sodass mehr Individuen gebildet sind und das Wirtschaftswachstum stärker ist, da das Humankapital einer Generation im Vergleich zur Vorherigen steigt.

Der Humankapitalstock eines Individuums i zum Zeitpunkt $t + 1$ lautet:

$$h_{it+1} = (1-z)\delta h_{it} + g_t$$

Der Anteil der Zeit $(1\text{-}z)$, das der Weitergabe des Humankapitals eines Individuums an seine Nachkommen gewidmet ist, wird als konstant und exogen angenommen. h_{it} ist das Humankapital der Dynastie i zum Zeitpunkt t, g_t ist das Niveau der öffentlichen Bildung und δ der Koeffizient der Produktivität der Humankapitalerbes. Da die Individuen altruistisch sind, ist der Koeffizient höher als 1, was zu einem kumulativen Effekt bei der Weitergabe des Humankapitals führt, welcher damit ein ewig positives Wachstum erlaubt. Die öffentliche Bildung verstärkt diesen Wachstumsprozess und die Steuer, die sie finanziert, führt zu keiner Verzerrung.

Allgemein betrachtet bestätigen die verschiedenen vorgestellten Modelle die Bedeutung des Humankapitals für den Wachstumsverlauf. Zudem führt die wahrscheinliche Existenz von durch das Humankapital ausgelösten Externalitäten, ob sie nun intergenerational oder intragenerational seien, zu einer privaten Unterinvestition in Humankapital, was die öffentliche Bildungspolitik auf den Plan ruft.

Die Zweckmäßigkeit und die Wirkung der öffentlichen Subventionen auf die Humankapitalakkumulation begründen ein klares Interesse. Dieser Forschungsbereich wurde bereits von vielen Autoren wie z. B. Nerlove *et al.* (1990) untersucht.[4] Jedoch wirft die Wissensauffassung dieser Modelle einige Fragen auf. Wenn man die Annahme des unendlichen Lebens der Individuen im Lucas-Modell aufgibt, kann das Humankapital nicht mehr unendlich wachsen, da seine Akkumulation

---

[4] Diese Autoren analysieren die Effekte einer Fiskalpolitik auf die Akkumulation von Human- und physischem Kapital. Eine allgemeine Steuer auf die Kapital- und Arbeitseinkommen diskiminiert die Humankapitalinvestitionen durch eine ausgelöste doppelte Verzerrung. Da die Steuer zugleich auf die eigentliche Investition und auf ihre Erträge in Form der individuellen Einkommen erhoben wird, verringert es den Ertrag dieses Investitionstyps stark und macht ihn unattraktiv. Aufgrund der Gegenwart von Externalitäten bei der Humankapitalakkumulation kommen die Autoren zu dem Schluss, dass eine optimale Politik aus einer Besteuerung der Einkommen aus physischem Kapital und einer Subventionierung der Humankapitalinvestitionen bestehen würde, wenn das Wachstum begünstigt werden soll.

durch die Tatsache beschränkt würde, dass das Individuum nur eine endliche Anzahl von Jahren dem Erwerb von Humankapital widmen kann und diese bei seinem Tod verschwinden. Allgemein steht die Interpretation des Wissens als ein rivalisierendes Gut im Gegensatz zur Idee der Wissensdiffusion. Das endogene Wachstum basiert daher auf der Annahme des Nicht-Fallens der Bildungsfunktion (φ), einer Annahme, die man aber leicht in Frage stellen kann. In Wahrheit kann man ausschließen, dass das Humankapital über den Zeitverlauf an Wert verliert. Auf der anderen Seite beschränkt sich das Wissen nicht nur auf die Fähigkeiten der Individuen, es nimmt die Form der Technologie an.

Romer bietet in seinem 1990 erschienenen Modell einen Analyserahmen, der diese andere Dimension des Wissens und daher eine andere Sichtweise des endogenen Wachstums aufzeigt.

8.3 Das von den Forschungs- und Entwicklungsaktivitäten produzierte Wissen: Das Romer-Modell (1990)

Romer geht über den Ansatz des technischen Fortschritts der „Vintage-Capital"-Modelle Johansen (1959) oder Solow (1957) hinaus und erweitert sie, um zu zeigen, wie Technologie zu einem selbst tragenden Wirtschaftswachstum führen kann. Die Technologie wird als ein objektiviertes Wissen betrachtet, eine Sammlung von Designs oder Blaupausen (die die Produktion von Zwischenprodukten erlauben), die, im Gegensatz zu Lucas' Sichtweise, nicht dem Individuum zugerechnet wird: Sein Wachstum ist nicht an das Leben des Individuums gebunden und kann damit unendlich sein. Die besser ausgebildeten Individuen können eine größere Anzahl von Innovationen entwickeln; Innovationen sind wiederum die endogene Quelle des technischen Fortschritts. Auf diese Weise gilt, dass je höher der Humankapitalstock ist, desto höher ist das Wirtschaftswachstum. Diese Schlussfolgerung stützt sich auf drei Prämissen, die die Diskussionsbasis bilden: Der technische Fortschritt ist der Kern des Wirtschaftswachstums (I); er stammt aus den freiwilligen Entscheidungen der Individuen, die auf die Anreize des Marktes reagieren und die Maximierung ihres Profits und Nutzen erreichen wollen: er ist daher endogen (II); die Modalitäten der Herstellung von technologischen Innovationen unterscheiden sich intrinsisch von den Verwendungsmodalitäten der anderen Güter (III). Die Technologie ist weder ein privates Gut noch ein öffentliches Gut, sondern ein nicht rivalisierendes und partiell nicht ausschließbares Gut. Wenn einmal die Kosten einer neuen Sammlung von Designs aufgebracht wurden, können letztere unendlich oft ohne zusätzliche Kosten wiederverwendet werden. Die Technologie führt nur zu Fixkosten. Diese drei Prämissen sind schwer mit dem Gleichgewicht bei perfektem Wettbewerb zu vereinbaren, da der Wettbewerb zur Herausbildung eines Monopols tendiert. Hiervon ausgehend, lautet die Produktionsfunktion mit A als ein nicht rivalisierendes Input und x als ein rivalisierendes Input: $F(A, x)$. Der Homogenitätsgrad von 1 ist nicht mehr plausibel, da für die Verdopplung der Produktion nicht die

Duplizierung der nicht-rivalisierenden Güter notwendig ist. Da A produktiv ist, wird die Produktionsfunktion nicht-konkav, infolgedessen ist die Entlohnung gemäß der Grenzproduktivität nicht mehr möglich.

Das allgemeine Prinzip des Modells besteht in der Definition der Technologie als einer Variable, die direkt vom Niveau der Humankapitalakkumulation abhängt. Dadurch wird der Einfluss des Humankapitals, d. h. des Wissens, auf das Wirtschaftswachstum anhand seines indirekten Effekts auf die Innovationenproduktion analysiert. Romer entwirft eine aus drei Bereichen bestehende Volkswirtschaft: Der Forschungs- und Entwicklungssektor (wo die Technologien produziert werden) (I), der Zwischenproduktesektor (II) und der Endproduktesektor (III). Vier Inputs werden im Produktionssektor verwendet: Physisches Kapital, K, gemessen in Konsumgüter/Endgüter-Einheiten; Arbeit, L, gemessen in der Anzahl der Personen; Humankapital, H, definiert als die Anzahl von Bildungs- oder Berufsausbildungsjahren (ein rivalisierender und ausschließbarer Bestandteil); und der Index des Technologieniveaus, A, als nicht rivalisierender Bestandteil, der aufgrund der fehlenden Bindung an das Leben eines Menschen unendlich wachsen kann. Jede neue Wisseneinheit entspricht der Entwicklung eines neuen Gutes. A wird daher über die bestehende Produktanzahl definiert. Damit ist das Wissen nicht mehr das Produkt der Bildung, sondern der Forschung.

Die Bevölkerung und das Arbeitsangebot sind konstant. Der Humankapitalstock und sein auf dem Markt angebotener Anteil werden *a priori* festgelegt, das heißt H und L sind gegeben. Dennoch kann die Auffassung des Humankapitals als ein gegebener exogener Faktor (wie beim Faktor Land) als fragwürdig angesehen werden. Die Annahme, dass das physische Kapital als nicht konsumierter Output akkumuliert werden kann, entspricht der Produktion in einem separaten Sektor mit der gleichen Technologie wie der des Endproduktesektors. Den Konsum aufzugeben, bedeutet das gleiche wie die Verlagerung der Ressourcen des Endproduktesektors zum Kapitalsektor. Zudem schließt die Annahme, dass die Forschung durch eine intensive Verwendung von Humankapital und Wissen gekennzeichnet ist, die Faktoren Arbeit und Kapital in diesem Sektor aus. Während seines Betriebs fügt dieser Sektor zum bestehenden Innovationsstock neues Humankapital hinzu, um neue Technologien und Wissen zu produzieren, genannt $\dot{A}$. $\dot{A}$ ist die Gesamtproduktion aller Forscher, die Anzahl aller neuen Designs:

$$\dot{A} = \kappa H_A A$$

A ist der verfügbare Wissensstock (Index des Technologieniveaus), H_A ist die Anzahl an Arbeitskräften in der Forschung (Anzahl an Forschern) mit $H_A + H_Y = H$ (H_Y ist der Anteil des für die Endprodukteproduktion verwendeten Humankapitals) und κ ist ein Skalen- und Produktivitätsparameter. Die Projektproduktion eines Forschers ist eine deterministische und fortlaufende Funktion der Inputs. Für einen Forscher j mit einem Humankapitalstock von H_j und einem freien Zugang zum gesamten Wissensstand A (nicht rivalisierendes Input) besteht seine Produktion aus: $\kappa H_j A$. Es handelt sich um das Wachstum von A, das die Humankapitalproduktivität erhöht. Der Strom neuer Designs $\dot{A}$ ist die Gesamtproduktion aller Forscher. Die

Produktionsfunktion ist linear in H_A bzw. A, wenn der andere Faktor gegeben ist. Die Linearität in A ermöglicht ein selbst tragendes Wirtschaftswachstum. Jedoch ist dies eher eine Annahme als ein Ergebnis des Modells.

$$K = \eta \sum_{i=1}^{A} x_i$$

Jede Entdeckung erlaubt im zweiten Sektor die Produktion eines neuen Zwischenprodukts. Diese Produktion setzt die entwickelten Projekte des Forschungssektors und den nicht konsumierten Output (in Endprodukteinheiten gemessen) ein. Die Entwicklung des Gesamtkapitals K wird als der nicht konsumierte Anteil der Produktion definiert.

Die produzierten Zwischenprodukte können anschließend als Inputs bei der Produktion der Endprodukte verwendet werden. Der Kapitalstock ist die Summe der qualitativ unterschiedlichen Kapitalgüter. Es handelt sich nicht um perfekte Substitute (wie in der Logik der „Vintage-Capital"-Modelle). Man braucht η nicht-konsumierte Konsumeinheiten für die Erzeugung einer Einheit eines jeden Zwischenguts. Das Gesamtkapital wächst mit der Höhe der nicht konsumierten Endprodukteproduktion, bei der x_i die verfügbare Menge eines jeden Kapitaltyps i darstellt. In diesem Sektor gibt es für jedes Zwischenprodukt i ein unterschiedliches Unternehmen. Die Forschungs- und Produktionsabteilungen werden aus Gründen der Vereinfachung unabhängig voneinander behandelt: Die erste liefert der zweiten ein Projekt zu einem gegebenen Preis, letztere produziert also ein differenziertes Zwischenprodukt (unter der Annahme, dass es keinen Wert verliert), das sie dem Konsumgüter produzierenden Unternehmen leiht und nicht verkauft.

Die Endprodukteproduktion verwendet die Arbeit L, den dieser Produktion gewidmeten Humankapitalanteil H_Y und die Gesamtheit aller verfügbaren Zwischenprodukte. Sein Output wird konsumiert oder als neues Kapital gespart.

$$Y(H_Y, L, x) = H_Y^\alpha L^\beta \int_{i=1}^{\infty} x_i^{1-\alpha-\beta} di$$

Die Skalenerträge sind konstant. Die Produktion ist das Ergebnis der Tätigkeiten eines einzigen Unternehmens bei monopolistischem Wettbewerb.

Romer zufolge ist das technologische Wissen ein von allen verwendbares Gut, sodass jede zusätzliche Humankapitaleinheit im Forschungssektor nicht nur das Niveau, sondern auch die Wachstumsrate der Technologieproduktion erhöht. In diesem Sektor weist die Produktion steigende Faktorerträge auf, wenn alle Entdeckungen aller Zeiten allen Forschern zugutekommen und sich damit ihre Produktivität erhöht: Es gibt damit eine positive Externalität des Forschungssektors. In der Tat werden durch eine größere Verwendung des Humankapitals in der Forschung mehr neue Zwischenprodukte entwickelt. Je größer die Bandbreite an Zwischenprodukten ist, desto höher ist die Produktivität eines im Forschungssektor arbeitenden Ingenieurs. Der jetzt im Forschungssektor arbeitende Ingenieur besitzt das gleiche Humankapital wie einer, der vor einem Jahrhundert gearbeitet hat (das Humankapital wird durch die Anzahl der Studienjahre gemessen, was als restriktiv erscheinen mag), aber er ist produktiver, weil er von dem gesamten akkumulierten Wissen der letzten hundert Jahre profitiert. Die Forschungstätigkeit führt zu positiven externen Effekten: Eine Innovation erhöht die Produktivität aller zukünftigen Forscher, während sein Marktpreis diesen „Vorteil" nicht internalisiert. Die Existenz positiver Externalitäten ist mit dem Vorgang der Wissensdiffusion verbunden.

Der Kern des Modells besteht daher in der Humankapitalallokation zwischen den Innovations- und Produktionsaktivitäten auf der einen Seite, und in der Produktallokation zwischen dem Konsum und der Investition auf der anderen Seite. Die Innovation bestimmt die Wachstumsrate des Produkts während das physische Kapital sein Niveau beeinflusst. Damit bestimmen der Gesamthumankapitalstock und sein durchschnittliches pro Kopf Niveau die Wachstumsrate der Volkswirtschaft. Das Wachstum fällt in dem Maße stärker aus, in dem der Anteil des Humankapitals im Forschungssektor höher ist. Die Wissensakkumulation ist der Wachstumsmotor. Eine Volkswirtschaft, die einen größeren Anteil ihres Humankapitals der Forschung widmet, neigt zu einem schnelleren Wachstum als eine andere.

Diese Schlussfolgerungen entstammen der Idee, dass alle Modellvariablen mit einer identischen und konstanten Rate g steigen:

$$g = \dot{C}/C = \dot{Y}/Y = \dot{K}/K = \dot{A}/A = \kappa H_A$$

Die Produktion wächst zur gleichen Rate wie A wenn man L, H_Y und $\bar{x}$ (die gemeinsame Menge jedes angebotenen Zwischenprodukts) betrachtet. Das Kapital K steigt mit der gleichen Rate wie A, da die gesamte Verwendung von K beträgt: $A \bar{x} \eta$ (aufgrund der Definition von K). Damit gelangt Romer zur Schlussfolgerung, dass zu wenig Humankapital der Forschung gewidmet wird und dass eine angemessene Wirtschaftspolitik diese Aktivitäten subventionieren sollte. Eine Subventionierung der Humankapitalakkumulation wäre nur die zweitbeste Lösung, da diese Akkumulation nicht zwingendermaßen nicht-abnehmende Skalenerträge aufweist, wie es Lucas annimmt. Dennoch stützen sich Romers Schlussfolgerungen auch auf der „willkürlichen" Annahme der Linearität von A. Zudem abstrahiert seine Darstellung des Forschungssektors von einer Anzahl von Wirklichkeiten: Er lässt die exogenen Elemente des Forschungsprozesses weg und erwägt nicht z. B. die Unsicherheit, die Forschungsprojekte umgibt. Weiterhin merkt Solow (1994) zutreffend an, dass eine Innovation nur eine Erhöhung des absoluten Werts von A zur Folge hat, und keine proportionale Erhöhung von A; eine Zunahme der Ressourcenallokation zum Forschungs- und Entwicklungssektor führt daher nicht mehr zur einer Erhöhung der Wachstumsrate von A, sondern nur zu einem einzigen Produktivitätssprung.

8.4 Die anderen Quellen des endogenen Wachstums: Das *learning by doing* und die öffentliche Infrastruktur

Romer (1986) verwendet den von Arrow (1962) gesetzten Rahmen, um die Tendenz zu abnehmenden Erträgen zu eliminieren. Dafür nimmt er an, dass die Wissenserschaffung ein zufälliges Koprodukt der Investition ist. Ein Unternehmen, das seinen physischen Kapitalstock erhöht, lernt zur gleichen Zeit eine effektivere Produktionsweise. Dieser positive Erfahrungseffekt auf die Produktivität entspricht dem Lernen durch das Praktizieren (*learning by doing*). Der Erhalt eines sich selbst tragenden Wirtschaftswachstums stützt sich auf die Annahme zweier Prämissen: Erstens führt die Erhöhung des Kapitalstocks eines Unternehmens zu einer parallel verlaufenden Erhöhung seines Wissensstocks. Zweitens ist das Wissen jedes Unternehmens ein Kollektivgut, auf das jedes andere Unternehmen ohne Kosten zugreifen kann. Mit anderen Worten, wenn einmal neues Wissen entdeckt wurde, dann breitet es sich sofort in der gesamten Wirtschaft aus. Endogenes Wachstum ist im Falle einer strikten Proportionalität zwischen dem aggregierten physischen Kapitalstock und dem technologischen Wissensstand der gesamten Wirtschaft möglich. Im umgekehrten Fall gibt es kein Wirtschaftswachstum oder das Wachstum ist explosionsartig. Daher ist die Wahrscheinlichkeit eines wirklichen endogenen Wachstums gering; das selbst tragende Wachstum ist nur eine Möglichkeit unter vielen.

Andere Autoren erhalten endogene Wachstumsmodelle unter der Annahme, dass verschiedene staatliche Maßnahmen einen positiven Effekt auf die Wachstumsrate haben. Diese staatlichen Maßnahmen beinhalten die Bereitstellung öffentlicher Infrastrukturen, der Schutz des Eigentums und die Erhebung von Steuern auf die Wirtschaftsaktivitäten. Barro (1990) führt einen neuen Faktor in die aggregierte Produktionsfunktion ein: die öffentlichen Ausgaben. Er nimmt gemäß Samuelson (1954) klassischem Modell der öffentlichen Güter an, dass sie unteilbar und nicht ausschließbar sind. Jedes Unternehmen profitiert von den gesamten öffentlichen Ausgaben, aber ihre Verwendung durch ein bestimmtes Unternehmen verringert nicht die verfügbare Menge für die anderen Unternehmen. Infolgedessen gibt es dann – und nur dann – ein endogenes Wachstum in der Volkswirtschaft, wenn die öffentlichen Ausgaben mit dem physischen Kapital steigen (da dann die abnehmenden Erträge ausgeglichen werden). Noch einmal: Das endogene Wachstum ist ein besonderer Fall. Tatsächlich hängt sein Erhalt von einer „willkürlichen" Annahme ab.

8.5   Der Stand der empirischen Befunde

Der beträchtliche Fortschritt im Bereich der theoretischen Modellierung des Wissens hat nicht wirklich zu einem vergleichbaren Fortschritt im empirischen Bereich geführt. Die Hauptursache liegt sicherlich in der Beschaffenheit des Wissenskonzepts. Tatsächlich ist das Wissen kein Gut wie andere, es muss anders gemessen werden und seine Beziehung zum Preissystem muss ebenfalls im Vergleich zu anderen Gütern verändert werden. Zahlreiche empirische Studien haben trotzdem die Bedeutung des Wissens und insbesondere der Bildung auf das Wirtschaftswachstum gemessen. Die Vorläufer in diesem Bereich waren die Studien Solow (1956 und 1957) und Denison (1962 und 1967). Ihr Ziel ist die Aufteilung der Wachstumsrate der Gesamtproduktion zwischen dem Beitrag der Produktionsfaktoren, gewöhnlich Kapital und Arbeit, und dem Wachstum des technischen Fortschritts. Es handelt sich um eine Analyse des Residuums, des Beitrags der Gesamtproduktivität der Faktoren. In diesem Zusammenhang zeigt Denison (1962), dass die Erhöhung des durchschnittlichen Bildungsniveaus – evaluiert anhand der Einkommensdifferentiale an jeder Bildungsstufe und gemessen durch die durchschnittliche Anzahl von Jahren an formaler Bildung – mehr als 20% des amerikanischen Wachstums zwischen 1929 und 1957 erklärt.

In der Folge haben sich die empirischen Studien der Verifizierung der, zumindest konditionellen, Idee der Konvergenz zwischen den Volkswirtschaften gewidmet. Barro (1991), zum Beispiel, zeigt für 98 Länder zwischen 1960 und 1985, dass die Wachstumsrate positiv vom Anfangsniveau des Humankapitals, gemessen anhand der Einschulungsrate, und negativ vom Anfangsniveau des Pro-Kopf-BIP abhängt. Die Konvergenz kann daher überprüft werden, da die armen Länder die Tendenz haben, schneller als die reichen Länder zu wachsen, jedoch gilt dies nur für eine gegebene Quantität von Humankapital.

Mankiw, Romer und Weil (1992), die die gleiche Datenbasis (Summers und Heston, 1988) wie Barro (1991) verwenden, bestätigen die Schlussfolgerungen des Solow (1956)-Modells mit der Bestätigung der Bedeutung von Humankapital. Sie erweitern damit das Solow-Modell durch die Einführung der Humankapitalakkumulation, welche durch Einschulungsraten gemessen wird. Sie kommen zu dem Schluss, dass die Unterschiede der Sparrate, der Bildung und des Bevölkerungswachstums die Pro-Kopf-Einkommensunterschiede erklären. Ihr Modell mit exogenem technischen Fortschritt und abnehmenden Kapitalerträgen erklärt die internationalen Pro-Kopf-Outputvariationen besser als die endogenen Wachstumsmodelle.

Barro und Lee (1993) untersuchen den Bildungsstand der Erwachsenenbevölkerung auf verschiedenen Niveaus (Bevölkerung ohne Bildung, mit Primärbildung, mit Sekundärbildung und mit tertiärer Bildung) für 129 Länder zwischen 1960 und 1985. Sie kommen zum Schluss, dass die Bildungsniveaus einen beträchtlichen Erklärungsgehalt haben: Die Bildung hat direkte positive Effekte auf die Wachstumsrate des BIP. Im Gegensatz dazu erklärt, laut Benhabib und Spiegel (1994), die Wachstumsrate des Humankapitals, gemessen anhand der durchschnittlichen Anzahl an Schuljahren in der aktiven Bevölkerung, nicht signifikativ die Wachstumsrate des Pro-Kopf-Outputs. Dennoch spielen die Humankapitalniveaus eine wichtige Rolle als Determinante des Pro-Kopf-Wachstums. Humankapital kann daher nicht mehr als Produktionsfaktor angenommen werden, da diese Annahme impliziert, dass seine Wachstumsrate und nicht sein Niveau die Wachstumsrate des Pro-Kopf-Outputs erklärt.

Diese Schlussfolgerung, wie auch die von Jones (1995), lässt Zweifel an der endogenen Wachstumstheorie laut werden. Tatsächlich kritisiert Jones (1995) die endogenen Wachstumsmodelle, die auf Forschungs- und Entwicklungsaktivitäten basieren: Der Input (gemessen anhand der Anzahl der Wissenschaftler und Ingenieure in diesem Bereich) erhöhte sich signifikativ, aber ohne erkennbare Effekte auf den Pro-Kopf-Output und auf das Produktivitätswachstum. Er schließt daraus, dass das langfristige Wirtschaftswachstum nicht durch strukturelle Parameter beeinflusst wird, außer den gewöhnlich exogen angenommenen. Er kommt daher auf die Schlussfolgerung Solows zurück.

Insgesamt, zeigen die verschiedenen Studien divergente Schlussfolgerungen auf, ohne dass eine von ihnen direkt die Annahme des endogenen Wachstums testen würde.

Um die Arbeiten von Diebolt und Monteils (2000, 2001) zu erweitern, scheinen sich zwei neue Forschungsfelder abzuzeichnen.

Das erste würde in einer teilweisen oder sogar gesamten Infragestellung der endogenen Wachstumsmodelle bestehen; in dem Sinne, dass das Wissen nicht unendlich wächst, aber auch bei abnehmender Rate weiter wachsen kann. Mit anderen Worten: Das Wissen würde nicht mehr das Wachstum erklären. Im Gegensatz dazu wären die der Wissensentwicklung gewidmeten Ausgaben eng mit dem Wirtschaftswachstum verknüpft – die Idee der Begleitinvestition.

Das zweite wird direkt von den Gedanken Solows im Bereich der Wachstumstheorien inspiriert. Tatsächlich schätzt dieser die Wachstumstheoretiker so ein, dass sie einen Fehler begehen, da sie nur die Wachstumsrate betrachten und nicht die Niveaus des Wirtschaftswachstums. Er denkt, dass „[…] wir alles als Faktor des Wirtschaftswachstums betrachten [sollten], das dauerhaft die Entwicklung der Wirtschaft erhöht, selbst wenn es nicht seine Wachstumsrate beeinflusst"(Solow,1998, S. 198). Diese Idee ist originell, da sie sich für die Niveaus des Wirtschaftswachstums und nicht mehr für dessen Rate interessiert, was vielleicht ein effektiveres Verständnis der zentralen Rolle der Bildungs- und FuE-Aktivitäten erlauben würde.

Wie im Sisyphus-Mythus, wäre der Fels dann wieder am Fuße des Berges.

Literatur

Arrow, K. (1962). The economic implications of learning by doing. *Review of Economic Studies, 80*, 153–173.

Azariadis, C., & Drazen, A. (1990). Thresholds in economic development. *Quarterly Journal of Economics, 106*, 501–526.

Barro, R. (1990). Government spending in a simple model of endogenous growth. *Journal of Political Economy, 98*(5), S103–S126.

Barro, R. (1991). Economic growth in a cross section of countries. *Quarterly Journal of Economics, 106*, 407–443.

Barro, R., & Lee, J. (1993). International comparisons of educational attainment. *Journal of Monetary Economics, 32*, 363–394.

Benhabib, J., & Spiegel, M. (1994). The role of human capital in economic development. Evidence from aggregate cross-countries data. *Journal of Monetary Economics, 34*, 143–173.

Caballé, J., & Santos, M. (1993). On endogenous growth with physical and human capital. *Journal of Political Economy, 101*(6), 1042–1067.

Chamley, C. (1993). Externalities and dynamics in models of „Learning or Doing". *International Economic Review, 34*(3), 583–609.

Denison, E. F. (1962). Education, economics growth and gaps in information. *Journal of Political Economy, 70*, 124–128.

Denison, E. F. (1967). *Why growth rates differ*. Washington, DC: The Brooking Institution.

Diebolt, C., & Monteils, M. (2000). The new growth theories. A survey on theoretical and empirical contributions. *Historical Social Research, 25*(2), 3–22.

Diebolt, C., & Monteils, M. (2001). La croissance endogène: une analyse cliométrique. *Économies et Sociétés, Série AF – Histoire Économique Quantitative, 28*, 1315–1343.

Johansen, L. (1959). Substitution versus fixed production coefficients in the theory of economic growth: A synthesis. *Econometrica, 27*(2), 157–176.
Jones, C. (1995). Time series tests of endogenous growth models. *Quarterly Journal of economics, 110*, 495–525.
Lucas, R. (1988). On the mechanics of economic development. *Journal of Monetary Economics, 22*(1), 3–42.
Mankiw, G.N., Romer, D., & Weil, D.N. (1992). A contribution to the empirics of economic growth. *Quarterly Journal of Economics, 107*, 407–438.
Nerlove, M., Razin, A., Sadka, E., & Von Weizsacker, R.K. (1990). Tax policy, investments in human and physical capital, and productivity. *NBER Working Papers*, 3531.
Rebelo, S. (1991). Long-run policy analysis and long-run growth. *Journal of Political Economy, 99*, 500–521.
Romer, P. (1986). Increasing returns and long-run growth. *Journal of Political Economy, 94*, 1002–1037.
Romer, P. (1990). Endogenous technological change. *Journal of Political Economy, 98*(5), 71–102.
Rostow W.W. (1960). *The stages of economic growth: A non-communist manifesto*. Cambridge: Cambridge University Press.
Saint-Paul, G., Verdier, T. (1993). Education, democracy and growth. *Journal of Development Economics, 42*(2), 399–407.
Samuelson, P. (1954). The pure theory of public expenditure. *The Review of Economics and Statistics, 36*(4), 387–389.
Smith, A. (1776). Recherche sur la nature et les causes de la richesse des nations, Traduction française de Germain Garnier (1881) à partir de l'édition revue par Adolphe Blanqui (1843). Chez Paris: Chez Guillaumin, Libraire.
Solow, R. M. (1956). A contribution to the theory of economic growth. *Quarterly Journal of Economics, 70*(1), 65–94.
Solow, R. M. (1957). Technical change and the aggregate production function. *Review of Economics and Statistics, 39*, 312–320.
Solow, R. M. (1994). Perspectives on growth theory. *Journal of Economic Perspectives, 8*, 45–54.
Solow, R. M. (1998). Histoire, institutions et production sur le long terme. *L'année de la régulation, 2*, 197–221.
Summers, R., Heston, A. (1988). A new set of international comparisons of real product and price levels estimates for 130 countries, 1950–1985. *Review of Income and Wealth, 34*(1), 1–25.
Uzawa, H. (1965). Optimum technical change in an aggregate model of economic growth. *International Economic Review, 6*, 18–31.

Kapitel 9
Langfristiges Wachstum und Bildung

Zusammenfassung Bildung wird auch als Eckpfeiler sehr langfristigen Wachstums angesehen, insbesondere im Rahmen der Unified Growth Theory. Deren Modelle möchten die Wirtschaftsentwicklung über viele Jahrhunderte erklären. Daher wird auch ein Blick auf die Bildungsentwicklung in Europa in einer langfristigen Perspektive geworfen.

Seit den Anfängen der endogenen Wachstumstheorien wurden neue Theorien entworfen, deren Anspruch noch weitergehender ist. Insbesondere hat sich in den letzten Jahren ein neuer Trend zu langfristigen Betrachtungen in der volkswirtschaftlichen Forschung entwickelt, wodurch auch die Wirtschaftsgeschichte als Forschungsfeld und wissenschaftliche Disziplin in den Fokus des „Mainstream" gerückt ist. Neben der Herausstellung gegenwärtiger und zukünftiger Wachstumspfade soll besser verstanden werden, wie heutige Entwicklungs- und Wachstumsunterschiede überhaupt erst entstanden sind. Neue Erkenntnisse in diesem Bereich sind von herausragender Bedeutung, da das Fundament von Wachstum immer noch nicht ausreichend erforscht ist (Diebolt, 2016, Diebolt und Haupert, 2016, Diebolt und Perrin, 2013, Galor, 2012).

Die Diskussion um die historischen Gründe für heutige Entwicklungsunterschiede hat gerade auch durch die Publikationen von Acemoglu und Ko-Autoren (z. B. Acemoglu et al 2002, Acemoglu et al 2005) Fahrt aufgenommen. Sie führen heutige Wirtschaftsunterschiede auf das Wirken unterschiedlicher institutioneller Arrangements zurück, die vor hunderten von Jahren entstanden sind. Neben der Institutionen-Hypothese verweisen andere populäre Hypothesen auf geografische Gegebenheiten (Diamond 1997, Bloom et al 1998) und Humankapital (Galor und Weil 2000, Galor und Moav 2002).

Insbesondere die Humankapital-Theorien Galors haben eine große Aufmerksamkeit innerhalb und außerhalb der Wirtschaftsgeschichte und der Bildungsökonomie erhalten. Galors sogenannte „Unified Growth Theory" (UGT), zu Deutsch vereinte Wachstumstheorie, zielt darauf, das Wirtschaftswachstum nicht nur in der Moderne, sondern seit dem Anfang der Menschheit zu erklären. Ein äußerst ambitioniertes Projekt, wie man leicht erkennen kann.

9.1 Unified Growth Theory

Galors UGT sieht Humankapital als das Fundament wirtschaftlichen Wachstums an, dessen Interaktion mit anderen Faktoren zu der bekannten Explosion des Wirtschaftswachstums in den Industrienationen seit der industriellen Revolution geführt hat (siehe im Folgenden auch Hippe 2014). Dies hat zu einer großen Divergenz weltweiter Wachstumspfade der Industrienationen und der Entwicklungsländer über die letzten 200 Jahre geführt (siehe auch Pomeranz 2000). Daher ist die Beantwortung der Frage, was diese Unterschiede verursachte, und welche Faktoren den Aufschluss der ärmeren Länder zu den reicheren verhindern, von hochgradiger akademischer und wirtschaftspolitischer Relevanz.

Für ein besseres Verständnis von Galors Modellen ist es erforderlich, seine schematisierten Entwicklungsphasen der Menschheitsgeschichte nachzuvollziehen. Er unterteilt sie in drei große Epochen: Die Malthusianische Epoche (die mit der industriellen Revolution ihr Ende in den Industrienationen nahm), die Post-Malthusianische Epoche (in den Industrienationen bis ungefähr 1870) und modernes Wachstum (seit 1870). Die gleichen Phasen sind verzögert auch in den Entwicklungsländern aufgetreten, wobei manche Entwicklungsländer bislang jedoch noch nicht das moderne Wachstum erreicht haben.

Die Epochen können folgendermaßen kurz skizziert werden (siehe Galor 2005, 2011, Snowdon 2008): In der Malthusianischen Epoche wird durch technologischen Fortschritt und Landerweiterung ein Bevölkerungswachstum erzielt, welches sich allerdings nur temporär – und nicht langfristig – auf das Niveau der Pro-Kopf-Einkommen auswirkt. Diese Einkommen verbleiben damit im Bereich des Subsistenzniveaus. Volkswirtschaften mit einer weiter fortgeschrittenen Technologie sind daher durch eine höhere Bevölkerungsdichte gekennzeichnet, aber auch ihr Reichtum ist nicht von langfristiger Dauer.

Dieses Gleichgewicht von Einkommen am Rand des Subsistenzniveaus wird erst durch die Post-Malthusianische Epoche durchbrochen. Höhere kurzfristige Einkommen werden immer noch in ein größeres Bevölkerungswachstum kanalisiert, aber der technologische Fortschritt beschleunigt sich in einem solchen Maß, dass das Wachstum der Produktion das der Bevölkerung übertrifft. Damit wachsen nun Bevölkerung *und* Einkommen.

Schließlich wird das moderne Wirtschaftswachstum erreicht. Diese Epoche ist wiederum gekennzeichnet durch einen sich weiter beschleunigenden technologischen Fortschritt. Dazu kommt nun eine Nachfragesteigerung nach Humankapital, wodurch indirekt das Bevölkerungswachstum über die Zeit nachlässt und es zum demographischen Wandel kommt. Statt wie zuvor die Einkommenssteigerungen in eine größere Bevölkerung zu kanalisieren und damit zu kompensieren, übertrifft nun der Einkommenszuwachs den Bevölkerungszuwachs. Damit steigen die Pro-Kopf-Einkommen und erreichen unerreichte und nachhaltige Niveaus.

Galors Theorie nennt sich „vereinte" Theorie, weil sie die makroökonomische Entwicklung der langen Frist mit der mikroökonomischen Struktur der Wirtschaft (z. B. den individuellen Präferenzen) vereint und darüber hinaus ein dynamisches System entwerfen muss, wodurch der Übergang zur jeweiligen nächsten Phase der Wirtschaftsentwicklung ermöglicht wird. Der Schlüssel zur Überwindung der Epochen sind die Veränderungen des Verhältnisses von Technologie und Bevölkerung.

9.1.1 Grundzüge der Theorie

Die UGT modelliert langfristiges Wirtschaftswachstum unter Verwendung von vier grundlegenden Bausteinen: Malthusianische Epoche, Ursprünge des technologischen Fortschritts, Humankapitalbildung und demografischer Wandel (siehe Galor 2005, 2011, Snowdon 2008). In Anknüpfung an das bereits vorgestellte Wirtschaftsgeschichtsschema bilden daher die Kennzeichen der Malthusianischen Epoche den Anfangspunkt. In dieser Phase ist der Konsum auf das Subsistenzniveau beschränkt. Die Haushalte optimieren ihren Konsum in der Weise, dass die Einkommen einen positiven Einfluss auf die Bevölkerungsgröße haben. Zudem sind die Arbeitserträge in der Landwirtschaft fallend, wodurch insgesamt der Output auf stationärem Niveau verharrt.

Was sind in dieser und späteren Phasen die Ursprünge des technologischen Fortschritts? In der Malthusianischen Epoche hat der technologische Fortschritt einen positiven Effekt auf die Bevölkerungsgröße. Genauer handelt es sich hierbei um das Angebot und die Nachfrage von Innovationen, die Verbreitung von Wissen, die Arbeitsteilung und schließlich das Ausmaß des Handelsvolumens. In den späteren Etappen beeinflusst wiederum das Humankapital den technologischen Fortschritt positiv. Die Gründe hierfür liegen insbesondere im komparativen Vorteil, die ausgebildete Individuen bei der Verwendung und Weiterentwicklung von neuen Technologien haben. Auch zu diesem Zeitpunkt ist die Vergrößerung der Bevölkerung immer noch vorteilhaft, solange sie keine negativen Auswirkungen auf die Humankapitalbildung der Bevölkerung hat.

Die Humankapitalbildung findet daher ihren Ursprung in der Steigerung des technologischen Fortschritts, der die Nachfrage nach Humankapital erhöht. Humankapital erlaubt es den Individuen, besser mit den technologischen Veränderungen umzugehen.

Jedoch wird nach einiger Zeit nicht mehr wie zuvor die Bevölkerungsgröße gesteigert. Mit anderen Worten, der demografische Wandel tritt ein. Er wird durch eine Nachfragesteigerung nach Humankapital in der zweiten Phase der industriellen Revolution ausgelöst. Dieser Nachfrageschub veranlasst die Eltern, die Anzahl ihrer Kinder durch deren Ausbildung zu substituieren (sog. „quantity-quality trade-off"). Eine Steigerung der Einkommen und eine Steigerung des potentiellen Humankapitalertrags führen daher zu zwei unterschiedlichen Effekten: Auf der einen Seite einen Einkommenseffekt, wodurch die Einkommen für Ausgaben steigen. Auf der anderen Seite einen Substitutionseffekt, der sowohl die Opportunitätskosten für die Aufzucht von Kindern als auch den potentiellen Ertrag von Investitionen in das Humankapital der Kinder erhöht.

Am Anfang der zweiten Phase der Industrialisierung dominiert der Einkommenseffekt und das Bevölkerungswachstum und die Humankapitalbildung werden gesteigert. Die Beschränkung des Konsums auf das Subsistenzniveau (was gleichzeitig einen negativen Effekt auf die Ressourcen für die Kinder hat) hat einen größeren Effekt bei niedrigeren Einkommen. Dementsprechend ist auch die Bildungsnachfrage mäßig.

Im weiteren Verlauf der zweiten Industrialisierungsphase dominiert nun hingegen der Substitutionseffekt, wodurch sich das Bevölkerungswachstum abschwächt, aber auch die Humankapitalbildung zunimmt. Analog zu ersterem Teil dieser Phase hat die Beschränkung des Konsums auf das Subsistenzniveau einen kleineren Effekt bei höheren Einkommen und die Nachfrage nach Humankapital wird nun immer bedeutender.

Zusammenfassend lässt sich festhalten, dass sich die Wirtschaft in der Malthusianischen Phase in einem stationären Gleichgewicht befindet. In dieser Phase ist der technologische Fortschritt recht langsam und der Humankapitalertrag niedrig, wodurch es keine Anreize für eine Substitution gemäß der „Quantitäts-Qualitäts"-Abwägung gibt. Wenn die Einkommen temporär steigen, dann wird dies in die Bevölkerungsgröße investiert, wodurch auch sie steigt. Damit schwankt das Pro-Kopf-Einkommen zunächst um ein stationäres Niveau und später hat es nur eine geringe steigende Tendenz. Langsam nehmen nun die Bevölkerungsgröße und der technologische Fortschritt zu.

In der Post-Malthusianischen Phase beschleunigt sich der technologische Fortschritt aufgrund des Bevölkerungswachstums, die Pro-Kopf-Einkommen und das Bevölkerungswachstum wachsen immer schneller und die Bildungsnachfrage steigt allmählich hin zum Ende dieser Phase. In Bezug auf das Bevölkerungswachstum gibt es daher zwei Effekte: zum einen, einen Einkommenseffekt (d. h. die Ressourcen für die Aufzucht von Kindern steigen) und zum anderen einen Substitutionseffekt (eine Umverteilung von der Anzahl zu der Ausbildung von Kindern). Da der Einkommenseffekt vorläufig überwiegt, steigen Größe und Bildung der Bevölkerung und ebenfalls die Pro-Kopf-Einkommen und die Bevölkerungswachstumsrate.

Schließlich steigen der technologische Fortschritt (aufgrund des steigenden Humankapitalniveaus) und die Humankapitalnachfrage soweit an, dass die Eltern immer mehr Anreize für die Substitution der Anzahl durch die Bildung der Kinder haben. Nun erhält der Substitutionseffekt ein größeres Gewicht, wodurch die Geburtenrate langfristig fällt und eine sich erhöhende Produktivität in höhere Pro-Kopf-Einkommen kanalisiert wird. Damit schafft die Volkswirtschaft einen neuen Gleichgewichtszustand, in dem die Pro-Kopf-Einkommen steigen und ein mäßiges Bevölkerungswachstum kennzeichnend ist.

Damit ergibt sich aus der UGT, dass der Übergang von einer Zeit der Stagnation zu einer Epoche des Wachstums eine unvermeidliche Nebenerscheinung des Entwicklungsprozesses ist. Die Interaktion zwischen der Technologie und der Bevölkerung erhöht die Rate des technologischen Fortschritts in der Malthusianischen Epoche, wodurch die Nachfrage der Industrie für Humankapital steigt. Diese Humankapitalbildung ist die Ursache für den demografischen Wandel. Damit kann die Volkswirtschaft nun verstärkt die Erzeugnisse der Faktorakkumulation und des technologischen Fortschritts in das Wachstum der Pro-Kopf-Produktion umwandeln.

Jedoch fand dieser Wandel von Stagnation zu Wachstum zu unterschiedlichen Zeitpunkten in verschiedenen Weltregionen und Ländern statt. Diese zeitlichen Unterschiede im Startpunkt des Wandels waren ein wichtiger Faktor für die Entstehung bedeutender wirtschaftlicher weltweiter Unterschiede.

Um daher zu Wachstum in diesem Modell zu gelangen, müssen insbesondere der technologische Fortschritt und die Humankapitalbildung im Fokus stehen. Beide werden über eine ganze Reihe von Faktoren bestimmt. Beim technologischen Fortschritt sind dies z. B. der Schutz geistigen Eigentums, der Humankapitalbestand, die Neigung eines Landes zu Handel, Interessengruppen, Ressourcen und die Wettbewerbsfähigkeit des innovativen Sektors.

Die Humankapitalbildung hängt mit der Fähigkeit der Individuen zusammen, die Kosten der Ausbildung zu tragen; der Verfügbarkeit, Zugänglichkeit und Qualität des öffentlichen Bildungssektors; dem Grad der Ungleichheit und Unvollkommenheit der Kreditmärkte; der kulturellen und religiösen Zusammensetzung der Gesellschaft; dem Humankapitalbestand, Geografie, etc.

Damit ist die Übertragung der theoretischen Variablen in die tatsächliche und empirische Realität nicht eins zu eins umsetzbar.

9.1.2 Empirische Befunde und Erweiterungen

Die verschiedenen Modelle Galors und seiner Koautoren haben einen großen Einfluss auf die wissenschaftliche Debatte und wurden bereits (nach Daten von Google Scholar) mehrere tausend Mal von anderen Forschern zitiert. Empirische Untersuchungen sind daher ebenfalls verfügbar. Unter anderem zeigt Galor (2011, 2012) eine Reihe von empirischen Befunden auf, die seine Thesen stützen. Lagerlöf (2006) simuliert ein grundlegendes UGT-Modell (genauer, Galor und Weil 2000) quantitativ. Er kommt zum Schluss, dass es im Ganzen die empirische langfristige Wirtschaftsentwicklung gut darstellt. Andere Autoren wie z. B. Becker et al (2010, 2012) untersuchen spezifische Hypothesen der Theorie, in diesem Fall den „quantity-quality trade-off", dessen Existenz sie für den Fall Preußens bestätigen können (siehe dazu auch Hippe 2013c, Hippe und Perrin 2017).

Die Theorien wurden ebenfalls in verschiedene Richtungen erweitert, wobei wir uns hier auf zwei Beispiele beschränken wollen. Diebolt und Perrin (2013) untersuchen theoretisch und empirisch die Beziehung zwischen Fertilität, Humankapital, technologischem Wandel und Pro-Kopf-Einkommen. Sie finden einen bedeutenden Einfluss der Geschlechtergleichstellung auf die langfristige Entwicklung der Wirtschaft.

Galor et al. (2009) stellen ebenfalls eine Verbindung zwischen geografischen Gegebenheiten (genauer, Bodenqualität) und Humankapitalentwicklung her. Der

Faktor der Landungleichheit verbindet diese beiden Faktoren. Die Autoren zeigen, dass Landungleichheit einen negativen Effekt auf Humankapital förderliche Institutionen hat. Ihrer Argumentation zufolge führte die Industrialisierung zu einem Konflikt zwischen den bisher gesellschaftlich führenden Besitzern landwirtschaftlicher Flächen und den nun aufstrebenden Kapitalbesitzern. Kapitalbesitzer hatten größere Vorteile einer Erhöhung des Humankapitals ihrer Arbeiter, da Humankapital (aufgrund der größeren Komplementarität mit Arbeit) die Arbeitsproduktivität in der Industrie mehr als in der Landwirtschaft erhöht. Dadurch fällt der Landertrag, wenn die Löhne aufgrund höherer Bildung steigen. Zudem haben Arbeiter größere Berufsmöglichkeiten bei mehr Bildung, wodurch sie eher von den urbanen Industriezentren angezogen werden. Als Folge würden die Landbesitzer ihre Arbeitskräfte verlieren. Das wollen sie natürlich möglichst unterbinden. Da sie die Eliten eines Landes stellen, verfügen sie über die entsprechende Macht im Staat und versuchen Bildungsreformen, die zu einer größeren Bildungsbeteiligung und -qualität führen sollen, zu verhindern oder zumindest zu verlangsamen.

Aus diesem Grund stellt ungleicher Landbesitz ein Hindernis für die Bildung von Humankapital dar, wodurch die Industrialisierung und das Wirtschaftswachstum verlangsamt werden.

Galor et al. zeigen für den Fall der USA, dass ihr theoretisches Modell empirisch bestätigt werden kann. Für den Fall der Regionen Europas haben Baten und Hippe (im Erscheinen) die Zahlenfertigkeit (numeracy) um das Jahr 1900 untersucht. Sie kommen zum Ergebnis, dass insbesondere in weniger industrialisierten Ländern wie Spanien, Italien, Ungarn und Russland dieser Effekt klar erkennbar ist. Für die bereits weiter fortgeschrittenen Länder wie Großbritannien findet sich dieser Zusammenhang nicht mehr, da in diesen Ländern die Landbesitzer bereits ein geringeres politisches Gewicht hatten bzw. viele frühere reine Landbesitzer nun ebenfalls große Kapitalbesitzer geworden sind, wodurch auch sie ein Interesse an besserer Bildung haben. Insgesamt liefern die Untersuchungen Baten und Hippe (im Erscheinen) eine weitere empirische Bestätigung der Theorie von Galor et al. (2009).

9.2 Empirische Bildungsentwicklung Europas

9.2.1 Empirische Messung

Eine große Anzahl weiterer Untersuchungen zur langfristigen Entwicklung des Humankapitals wurden in den letzten Jahren unternommen. Unter anderem zeigt Hippe (2013a) die Entwicklung von Humankapital in Europa in den letzten 200 Jahren auf. Er verwendet hierfür verschiedene Indikatoren, die jeweils für die betrachteten Zeiträume geeignet sind. Der bekannteste historische (und noch heute gebräuchlichste) Indikator für Humankapital ist die Alphabetisierungsrate (literacy). Sie misst, wie viele Individuen einer bestimmten Altersgruppe (oft ab 10 oder 15 Jahren) lesen und schreiben können. In manchen Ländern beschreibt sie an

9.2 Empirische Bildungsentwicklung Europas

verschiedenen historischen Zeitpunkten auch nur die Lese-Fähigkeit (aber nicht die Schreib-Fähigkeit), wie z. B. in Portugal im 19. Jahrhundert.

Dass die Mehrheit der Menschheit lesen und schreiben kann, ist eine vergleichsweise neue Entwicklung. Noch im Jahr 1750, also vor etwas mehr als 250 Jahren, konnten weniger als 10 % der weltweiten Bevölkerung schreiben (Cipolla 1969). Durch die Bildungsanstrengungen des 19. und 20. Jahrhunderts hat sich dies in den meisten Regionen der Welt (fast) umgekehrt (siehe Abb. 9.1): In 2010 haben nur Afrika und Südasien noch eine deutlich niedrigere Alphabetisierungsquote als 90 % (wenn auch mit klarer steigender Tendenz), alle anderen Regionen der Welt haben entweder fast vollständige Alphabetisierung oder eine um die 90 % Marke. Während dieser 90 % Wert in Westeuropa und seinen ehemaligen westlichen Kolonien (d. h. USA, Kanada, Neuseeland und Australien) bereits fast vor dem Ersten Weltkrieg erreicht wurde, war diese Massen-Alphabetisierung in allen anderen Weltregionen noch in ihren Kinderschuhen. Jedoch brachten u. a. die erhöhten Bildungsanstrengungen in den Entwicklungsländern große Fortschritte.

Die Alphabetisierung einer Bevölkerung wird allerdings erst seit ungefähr Mitte des 19. Jahrhunderts, insbesondere in Rahmen von Volkszählungen, standardmäßig erfasst. Für frühere Epochen liegen daher entsprechende Daten nicht vor. Aus diesem Grund wird oft auf andere Methoden und Dokumente zurückgegriffen. Die in der Vergangenheit bevorzugte Methode für die Berechnung der Alphabetisierung waren Unterschriftenquoten. Heiratsurkunden wurden z. B. oft nicht mit dem Namen unterschrieben, sondern aufgrund mangelnder Alphabetisierung wichen die

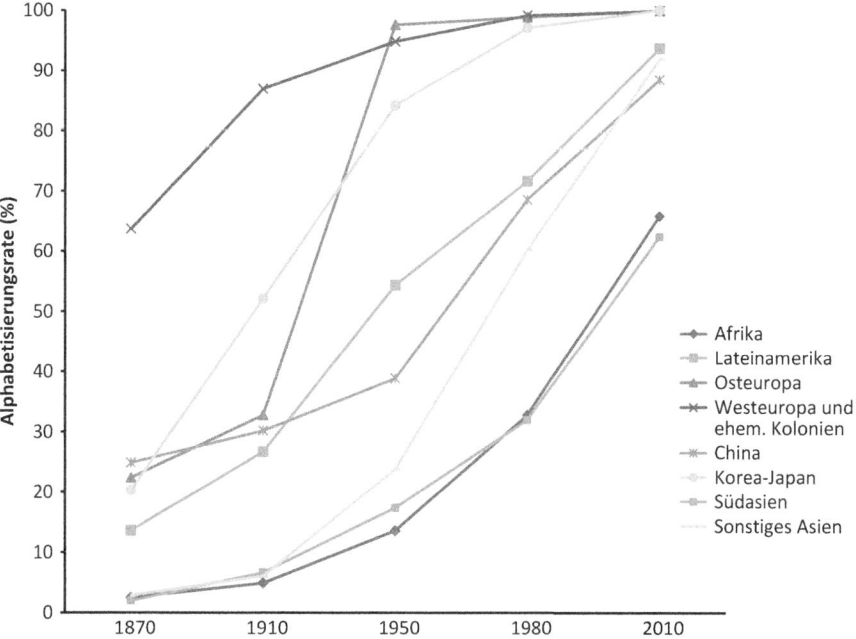

Abb. 9.1 Weltweite Alphabetisierungsraten seit 1870. Quelle: Hippe und Fouquet (2015; Übersetzung der Autoren)

Betroffenen auf ein einfaches Kreuz o. ä. aus. Man kann daher anhand der Anzahl der „korrekten" Unterschriften im Vergleich zu allen Unterschriften (inklusive „Kreuzchen"-Unterschriften) die Alphabetisierungsrate messen – ein sicherlich sehr grober Indikator. Zudem ist er meist auch nur für einen Teil der Bevölkerung verfügbar, wie z. B. Heiratende oder Rekruten. Man kann daher nur schwerlich auf die allgemeine Alphabetisierung einer Bevölkerung schließen.

Daneben wird zum Teil die Einschulungsrate verwendet, d. h. der Anteil der Kinder eines bestimmten Alters, die zur Schule gehen. Die Daten dieses Indikators sind allerdings nur spärlich vorhanden, und es kann auch nicht ermittelt werden, was und wie viel die Kinder in der Schule tatsächlich gelernt haben. Denn der Schulbesuch ist nicht gleich bedeutend mit dem erfolgreichen Erwerb bestimmter Kompetenzen, auch wenn sie zu einem bestimmten Teil miteinander korreliert sind. Ein ähnliches Defizit gilt auch für den vielleicht populärsten heutigen Indikator für Bildung: Der Anteil der (Hoch-) Schulabsolventen unterschiedlicher Stufen. Es ist daher prinzipiell zu bevorzugen, einen Indikator zu verwenden, der eine Aussage über die tatsächliche Bildung und damit die Fertigkeiten in einem bestimmten Bereich erlaubt.

Ein weiterer, neu entwickelter Indikator für frühe Bildungsleistungen wurde daher in den letzten Jahren immer populärer. Es handelt sich um die Messung der Zahlenfähigkeit (numeracy), also sehr grundlegender mathematischer Fähigkeiten (u.a. A'Hearn et al 2009, Crayen und Baten 2010, Hippe und Baten 2012, Baten und Juif 2014). Diese innovative Methode benutzt ebenfalls Volkszählungen (aber auch andere Dokumente) und betrachtet dabei das Alter von Individuen. Bereits seit längerem ist insbesondere in der demographischen Forschung das Phänomen bekannt, dass in historischen Volkszählungen, aber auch noch heute in vielen Entwicklungsländern, eine Häufung von Altersangaben auf bestimmte Werte auftritt. Genauer häufen sich Altersangaben, die auf 0 und 5 enden. Die Menschen runden daher auf diese Zahlen. Dieses Muster findet sich in fast allen Ländern. Das kann dadurch erklärt werden, dass sich die Menschen während ihrer Entwicklungsgeschichte beim Zählen zunächst an ihren eigenen Körper gehalten haben, insbesondere an ihre Hände mit jeweils fünf Fingern. Es ist kein Zufall, dass z. B. das englische Wort für „fünf" (five) vom Wort für „Faust" abstammt (Winter 1992, Manaster Ramer et al 1998, Harper 2008) und das deutsche Wort „zehn" von „zwei Hände" (Fettweis 1923). Das Rundungsverhalten ist ein Problem für Demografen, weil sie die korrekte Altersverteilung berechnen möchten. Jedoch kann es auch für die Bildungsforschung genutzt werden. Man kann annehmen, dass diese Menschen ihr exaktes Alter nicht ausreichend genau nennen konnten, und damit nicht ausreichend zählen konnten, und daher runden mussten. Über den Anteil dieser zu häufigen Rundungen im Vergleich zu der zu erwartenden Häufigkeit von 0 und 5 kann schließlich ein Index für Zahlenfähigkeit berechnet werden, der – wie verschiedene Studien zeigen (z. B. Hippe 2012) – mit Alphabetisierung korreliert. Durch die Verwendung von Volkszählungen, die es bereits seit Jahrtausenden gibt (man denke nur an die Geburt Jesu zu Zeiten einer Volkszählung im Römischen Reich), erlaubt diese Methode eine sehr langfristige, aber auch regional detaillierte Auswertung der Bildungsentwicklung.

9.2.2 Die langfristige regionale Bildungsentwicklung Europas

Welches Bild kann man daher für Europa über die letzten Jahrhunderte (oder sogar Jahrtausende) entwerfen? Jede grobe Skizze dieser Entwicklung muss zwangsweise sehr unvollständig bleiben, zumal im Rahmen eines kurzen Kapitels dieses einführenden Buches. Daher kann nur eine äußerst begrenzte Auswahl an Ereignissen und Entwicklungen getroffen werden, die hier dargestellt werden sollen.

Es ist anzunehmen (ausgehend von den Quellen römischer Gelehrter), dass zu Zeiten des Römischen Reichs die Bewohner des Reiches über eine höhere Bildung und Wirtschaftskraft verfügten als die germanischen Bewohner außerhalb des Reichs im Norden. Die Germanen sollen Bildung nur für einen kleinen spezialisierten Teil der Bevölkerung sinnvoll gehalten haben; bei anderen würde sie die Männlichkeit einschränken und bei älteren Männern zu Feigheit führen. Ganz anders bei den Römern, bei denen eine vergleichsweise hohe Schuldichte vorzufinden war (siehe Cipolla 1969).

Ein umgekehrtes Bild findet sich bei der Betrachtung von Bildungsunterschieden in der Neuzeit. Ein Blick auf eine Karte der regionalen Verteilung der Alphabetisierungsrate in 1930 (Abb. 9.2) zeigt sofort, dass nun die zentral- und nordeuropäischen Länder in der Bildung führend sind. Das geografische Muster eines Gefälles von Nord-/Zentral-Europa zu Süd- und Osteuropa ist sehr markant.

Aber nicht nur die zwischenstaatlichen Unterschiede werden in der Grafik deutlich. Auch zeigt sich, wie von Diebolt und Hippe (2017) hervorgehoben, dass regionale Unterschiede zum Teil deutlich größer sind als nationale. Einige (teilweise

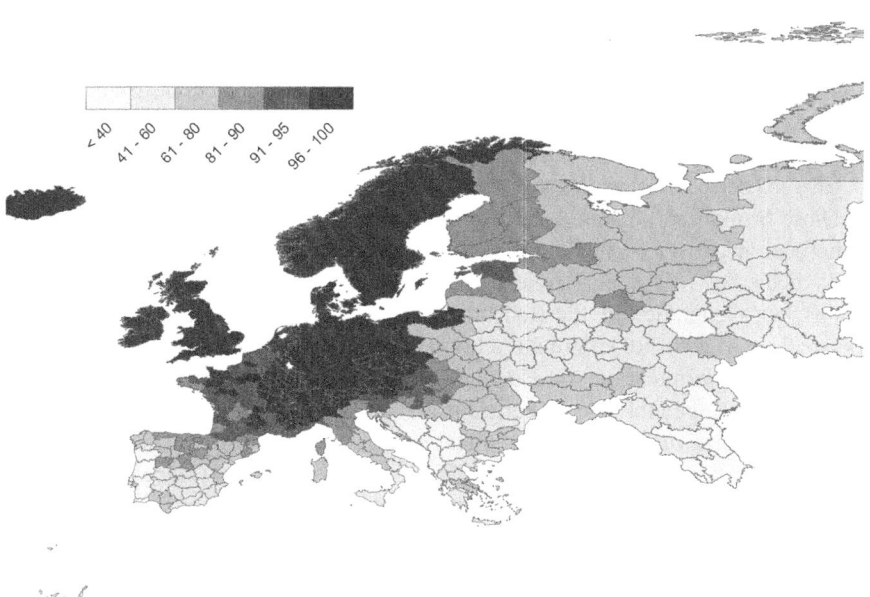

Abb. 9.2 Alphabetisierung in Europa, 1930. Quelle: Hippe (2013b)

recht bekannte) räumliche nationale Muster sollten erwähnt werden. Ein gutes Beispiel ist sicherlich Italien, wo die nördlichen Regionen durchweg eine höhere Alphabetisierung aufweisen als die südlicheren. Grob gesprochen ist in diesem Fall die Alphabetisierung umso niedriger, desto mehr man im Süden lebt. Ein ähnliches, jedoch differenzierteres Bild ergibt sich für Spanien. Auch hier ist die gleiche (Nord-Süd-)Tendenz erkennbar, jedoch ragen verschiedene Regionen eher aus dem räumlichen Muster heraus. Historisch gesehen waren insbesondere die Regionen Madrid, Baskenregion, Katalonien und einige nördlich von Madrid gelegene Regionen führend. Dagegen ist z. B. das geografisch gesehen nördliche, aber westlich etwas abgelegene Galizien nicht auf dem gleichen Entwicklungsstand.

Dass Madrid trotz seiner vergleichsweise „südlichen" Lage gut in diesem und anderen Bildungsindikatoren abschneidet, hat sicherlich mit der Tatsache zu tun, dass es die Hauptstadt Spaniens ist und viele damit assoziierte administrative Berufe alphabetisierte Arbeitnehmer benötigen. Allgemein sind die Alphabetisierungsraten in Städten meistens höher als im ländlichen Raum. In Städten ist es z. B. notwendiger Lesen und Schreiben zu können, als wenn man z. B. auf dem Feld in der Landwirtschaft in einer ländlichen Region arbeitet. Das ist sicherlich auch der Grund dafür, dass in Russland die Regionen Moskaus und St. Petersburgs (damals Leningrad), der zwei mit Abstand größten Städte des Landes, die höchsten Alphabetisierungsraten aufweisen.

Den geringsten Anteil an Alphabeten haben insbesondere Portugal, Teile des ehemaligen Jugoslawiens (Bosnien-Herzegowina, Serbien, Montenegro, Kosovo, FYROM), Albanien, Moldawien (damals Teil Rumäniens) und Regionen und Länder am Kaukasus. Es scheint, als ob es ein – nicht durchgängiges, aber grobes – Schema gibt, bei dem die entfernten Regionen im Südwesten und -osten Europas niedrigere Raten haben: ein Kern-Peripherie-Muster.

Mithilfe von fortgeschrittenen raumökonometrischen Methoden ist es mittlerweile möglich, diese visuellen Eindrücke auch statistisch nachzuweisen. So hat Hippe (2013b) die Methoden der Exploratory Spatial Data Analysis verwendet, um die räumliche Autokorrelation eines positiven Bildungsclusters (Kern) und eines negativen (Peripherie) nachzuweisen.

Diese Strukturen können u. a. dadurch entstehen, dass sich die lokalen positiven (oder negativen) Effekte gegenseitig verstärken, je größer die Marktgröße und -dichte ist. In diesem Bereich gibt es theoretische Modelle der Neuen Ökonomischen Geografie, die die Bedeutung des Marktpotentials herausstellen. Zum Beispiel entwickeln Redding und Schott (2003) ein Modell, in dem sie die unterschiedliche Akkumulation von Humankapital im Kern und der Peripherie begründen. Ihnen zufolge gibt eine größere Distanz von Märkten mit vielen Konsumenten negative Anreize für die individuelle Humankapitalakkumulation. Die Länder, die weiter entfernt sind von den großen Märkten, haben größere Handelskosten und einen geringeren individuellen Bildungsertrag als Kern-Länder. Diese Tatsache führt zu einer Senkung der relativen Gehälter der ausgebildeten Arbeitnehmer im Verhältnis zu den ungelernten Arbeitnehmern. Damit verringert sich der Anreiz eines ungelernten Arbeitnehmers, sich (aus) zu bilden. Diese Peripherie-Falle erklärt nicht nur die weltweiten Unterschiede in Humankapital, sondern auch die regionalen Bildungsunterschiede in der Vergangenheit (Diebolt und Hippe 2016b) und der Gegenwart (z. B. López-Rodríguez et al 2007).

Insgesamt ergibt sich daher ein ganz anderes Bild in der Neuzeit, als man es zumindest mit Blick auf die Antike erwarten würde. Diese Veränderung basiert auf einer jahrhundertealten Entwicklung. Die Forschung zur Alphabetisierung zeigt (wie z. B. Houston 2001), dass die „Bildung der Massen" ihren Anfang im Raum der germanischen Sprachen (Zentral- und Nordeuropa) nahm, und sich dann in die Peripherie (d. h. Süd- und Osteuropa) über den Zeitlauf ausbreitete. Dieser Zustand kann schon vor 1700 beobachtet werden. Man kann annehmen, dass die zunehmende „Bildung der Massen" auf das Zusammenwirken mehrerer Faktoren zurückgeht, von denen wir drei hervorheben möchten.

Zunächst die (europäische) Druckerpresse, die von Johannes Gutenberg Mitte des 15. Jahrhunderts erfunden wird.[1] Gutenbergs Erfindung kommt nicht von ungefähr; die Nachfrage nach Büchern (d. h. Manuskripten) nahm bereits seit Jahrhunderten und insbesondere einige Jahrzehnte vor seiner Erfindung stark zu (Hippe 2015, Hippe und Fouquet 2015). Gutenberg erhoffte sich entsprechenden Reichtum durch die Erfindung einer neuartigen Maschine (aufgrund des noch nicht existierenden Patentschutzes blieb ihm dieser allerdings versagt). Die Druckerpresse hat dennoch einen großen Erfolg: Sie macht den Weg für eine Massenproduktion von Büchern und aller möglichen Druckerzeugnisse frei und eröffnet den Zugang der Massen zum Lesen und damit zur Alphabetisierung überhaupt.[2] Dies ist besonders bedeutend, da geschätzt wird, dass noch um 1500 nur 1 % der Bevölkerung im deutschsprachigen Raum alphabetisiert ist (Becker und Wößmann 2009); für das gesamte Westeuropa geht man von etwas weniger als 10 % aus (Baten und van Zanden 2008).[3]

Zweitens ist das Wirken Martin Luthers anzuführen. Seine Bibelübersetzung vom Griechischen ins Deutsche liefert einen entscheidenden Beitrag zur Standardisierung des Deutschen. Zudem hat Luthers Betonung der Bedeutung der Fähigkeit des Lesens (genauer gesagt des Lesens der Bibel) über den aufkommenden Protestantismus einen wichtigen Einfluss auf die Verbreitung der Alphabetisierung (Becker und Wößmann 2009). Frühere Autoren wie Max Weber (2010) heben (dagegen insbesondere) den Einfluss einer neuen protestantischen (Berufs-) Ethik hervor, womit bestimmte Wertvorstellungen auch einen relevanten Effekt auf die Bildungsentwicklung hinterlassen können.

Drittens tritt ebenfalls ein bedeutender Wandel beim Rechnen ein. Insbesondere ist Adam Rieses bedeutendstes Rechen-Lehrbuch (veröffentlicht 1522; Ries

---

[1] Tatsächlich wurde die Metall-Druckerpresse einige Jahrzehnte früher in Korea erfunden (siehe Hippe 2015).

[2] Auch wenn dazu angeführt werden muss, dass zu diesem Zeitpunkt die meisten Bücher noch auf Latein gedruckt wurden.

[3] Es ist für uns nicht vollkommen klar, ob die Berechnung beider Werte direkt vergleichbar ist. Jedoch liegt „Deutschland" bei der frühen maschinellen Buchproduktion nur im europäischen Mittelfeld und ist kein Vorreiter (Baten und van Zanden 2008).

1976) ein Wegbereiter für die Popularisierung und Verbreitung des Rechnens mit (arabisch-) indischen Ziffern, die nun statt der weniger handlichen römischen Ziffern immer mehr Verwendung fanden. Tatsächlich kennt das römische Zahlensystem keine „null" und auch Divisionen sind mit ihm nicht möglich. Seit dem 15. Jahrhundert wird daher das aus Indien stammende, über den arabischen Raum importierte neue Zahlensystem immer beliebter (Hippe 2012). Da einfache Rechenkenntnisse eine Grundvoraussetzung ökonomischer Transaktionen und des Wirtschaftens überhaupt sind, ist die langfristige Verbesserung der mathematischen Fähigkeiten in der Bevölkerung sicherlich ein wichtiger Eckpfeiler für die Entwicklung der europäischen Wirtschaft bis hin zur Industriellen Revolution (und darüber hinaus).

Infolge dieser Veränderungen explodiert die Bücherproduktion und implodiert der Preis von Büchern. In den 50 Jahren nach der Erfindung der Druckerpresse (um das Jahr 1450) werden in Europa mehr Bücher mit der Maschine produziert als in den gesamten 1000 Jahren zuvor per Hand (Buringh und van Zanden 2009, siehe auch Hippe und Fouquet 2015). Der Buchpreis fällt „innerhalb einer Generation […] um 85–90 %, [es handelt sich damit um] eine Revolution der Kommunikationspreise, die mit den derzeitigen Entwicklungen bei der Informations- und Kommunikations-Technologie vergleichbar ist" (van Zanden 2009, S. 182; eigene Übersetzung der Autoren).

Wie zu erwarten, findet zunächst der größte Konsum gedruckter Bücher im (pro-Kopf) seit langem reichsten Land Europas, (Zentral- und Nord-)Italien,[4] aber sogar etwas höher auch in den kleineren Ländern Schweiz und Holland statt (Buringh und van Zanden 2009).[5]

Holland erzielt schon gegen 1500 zum ersten Mal ein höheres Pro-Kopf-Einkommen als Italien (siehe Fouquet und Broadberry 2015) – und bis heute wurde es nie mehr in dieser Hinsicht von Italien eingeholt. Während Holland eine Vormachtstellung im Pro-Kopf-Buchkonsum und im Pro-Kopf-Einkommen in Europa zwischen 1600 und 1800 durch große jeweilige Zuwüchse erringen kann, bleiben die italienischen Pro-Kopf-Einkommen mehr oder weniger bis 1800 auf dem Niveau von 1500. Die Pro-Kopf-Buchproduktion Italiens nimmt zwar zu, aber weniger als in anderen Ländern, wodurch Italien Ende des 18. Jahrhunderts bei diesem Indikator weit abgeschlagen hinter den führenden Ländern Europas liegt.[6] Dass, wie hier implizit angenommen, die Bücherproduktion (und damit Wissensproduktion und

---

[4] Basierend auf Fouquet und Broadberrys (2015) Analyse der Pro-Kopf-Einkommen folgender europäischer Länder zwischen 1300 und 1800: Italien, Holland, England, Spanien, Portugal und Schweden. Entsprechende Daten liegen bislang leider weder für die Schweiz noch für die deutschen (Heiligen Römischen Reichs-) Gebiete vor.

[5] Die hier aufgeführten Publikationen beziehen sich entweder auf Holland oder die Niederlande.

[6] Basierend auf Baten und van Zandens (2008) Daten. Der Vergleich bezog sich auf folgende Länder: Belgien, „Deutschland", Spanien, Frankreich, Italien, Niederlande, Schweden, Vereinigtes Königreich. Buringh und van Zanden (2009) führen weitere Länder auf, was aber das Ergebnis nicht verändert.

9.2 Empirische Bildungsentwicklung Europas

Bildung) für das Wirtschaftswachstum in Europa in diesen Jahrhunderten in der Tat relevant ist, zeigen auch weitere Untersuchungen Dittmars (Dittmar 2011, 2012).

Die Maschinisierung infolge der Industriellen Revolution in Großbritannien führt schließlich zu einer weiteren starken Reduzierung der Druckkosten und Steigerung der Bücherproduktion. Während des folgenden 19. Jahrhundert lässt sich nun bereits die grundlegende (für 1930 oben aufgezeigte) regionale europäische Bildungsverteilung anhand der Zahlenfähigkeit (Hippe und Baten 2012) aufzeigen. Das Muster kann sich aber auch schon früher (zwischen 1500 und 1800) herauskristallisiert haben.[7] In diesem Jahrhundert kommt infolge der Französischen Revolution die Idee des Nationalismus auf, und die Bildung europäischer Nationalstaaten (wie in Italien, Deutschland), aber auch die damit einhergehende sprachliche Homogenisierung (wie z. B. in Frankreich) wird vorangetrieben. Die Bildung der Massen wird u. a. aufgrund der Kreation eines nationalstaatlich denkenden Bürgers, der Ideen des Humanismus, der steigenden Bildungsnachfrage in der Industrie in der zweiten Phase der Industriellen Revolution und dem zwischenstaatlichen militärischen und ökonomischen Wettbewerb immer mehr zur Realität.

Jedoch verändern sich die Grundzüge des europäischen Bildungsschemas (Kern-Peripherie-Gefälle), gemessen anhand der Zahlenfähigkeit und der Alphabetisierung, nicht grundlegend bis zum 2. Weltkrieg.

Beginnend mit dem Wirtschaftswunder in der Nachkriegszeit der 50er und 60er Jahre kommt es schließlich während der zweiten Hälfte des 20. Jahrhunderts zu einer weiteren bedeutenden Ausweitung der Bildungsinvestitionen seitens der Staaten (Diebolt 2000) und damit zu einer Verbesserung der Bildungsqualität und Vergrößerung der Bildungsquantität (letzteres insbesondere im Rahmen der Hochschulen).

Wie stellt sich nun die derzeitige Bildungssituation in Europa dar? Natürlich gibt es heutzutage eine deutlich größere Auswahl an Bildungsindikatoren, die auch schon in vorherigen Kapiteln aufgeführt wurden. Die Ergebnisse können je nach Indikator unterschiedlich ausfallen. Wenn wir den derzeit wohl gebräuchlichsten (wenn auch mit Schwächen behafteten) Indikator, den Anteil der Absolventen bestimmter Bildungsstufen („educational attainment"), für den Bereich der kombinierten höheren Schul- und Hochschulbildung (d. h. Sekundarstufe II und höher) verwenden, erhalten wir folgendes Bild für 2010 (siehe Abb. 9.3):

Der Anteil ist am höchsten (d. h. über 90 %) in einer Reihe von Regionen in osteuropäischen Ländern (Ostdeutschland, Tschechien, Slowakei, Polen, Estland, Litauen, Russland, Bulgarien). Dennoch gibt es auch in diesen Ländern regionale Unterschiede, insbesondere in Russland (wo die Regionen Moskaus und St. Petersburgs nach wie vor die höchsten Werte aufweisen). Die nächstbesten Länder, diesem Indikator zufolge, sind weitere Staaten in Osteuropa sowie Westdeutschland, Schweiz, Österreich, Skandinavien, Großbritannien und Irland.

Interessanter ist indes der Blick auf die Länder, bei denen der Anteil am geringsten ist. In dieser Kategorie finden wir (wie in 1930) Südeuropa, insbesondere Portugal,

---
[7] Siehe ebenfalls die Ergebnisse von A'Hearn et al (2009), die im Bereich der Zahlenfähigkeit bereits um 1600 einen Vorsprung von West- zu Osteuropa auf Länderebene aufzeigen.

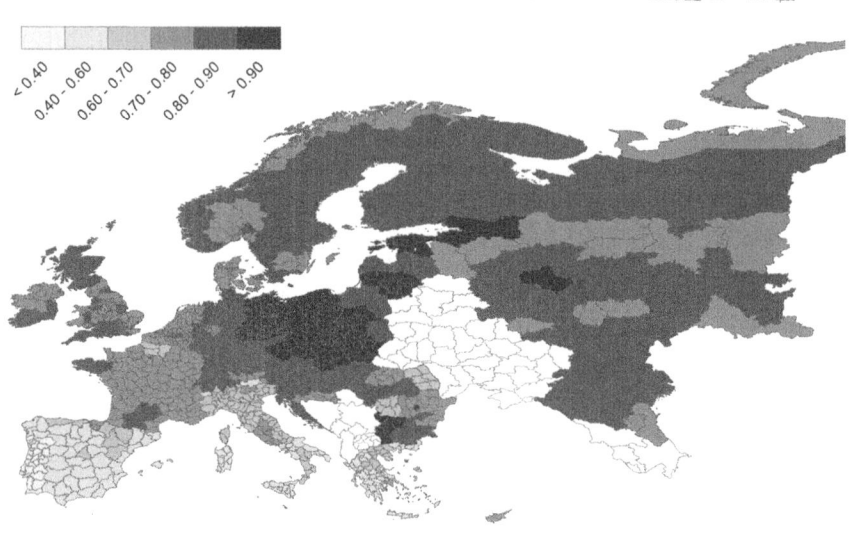

Abb. 9.3 „Educational attainment", 2010. Quelle: Diebolt und Hippe (2016a)

Spanien, Italien und Griechenland, vor. Die führenden Regionen in Spanien sind tendenziell die gleichen wie schon im 19. Jahrhundert und 1930, wohingegen in Italien im Rahmen dieses Indikators kein klassisches Nord-Süd-Gefälle mehr vorliegt. Die niedrigsten Werte in dieser Länder-Gruppe hat – wie 1930 – das am Südwest-Rand Europas gelegene Portugal.

Insgesamt zeigt sich, dass das historische, geografische Muster Kern-Peripherie deutlich weniger deutlich ist, insbesondere in Hinblick auf Osteuropa. Jedoch muss darauf hingewiesen werden, dass der verwendete Indikator nur die Quantität von Abschlüssen misst – Aussagen über die Qualität der Bildung lassen sich hieraus nicht unbedingt machen. Aber auf die Qualität der Bildung, der Bildungsstätten (inkl. des Lehrpersonals) und der erworbenen Fähigkeiten kommt es gerade an (siehe auch Hanushek und Wößmann 2016). Bildungsindikatoren, die die Qualität der Bildung messen, wie der bekannte PISA-Test, sind daher zu bevorzugen. Leider sind diese Indikatoren bislang aber in vielen europäischen Ländern nicht auf regionaler Ebene erhältlich. Damit sind heutzutage die regionalen Bildungsunterschiede in Europa in dieser Qualitätsdimension immer noch unklar. Daher ist es empfehlenswert, dass zukünftig Anstrengungen unternommen werden, damit regionale Informationen dieser Indikatoren bereitgestellt werden.

Dadurch ließe sich ein deutlich klareres Bild der regionalen Bildung in Europa erstellen, und es wäre möglich, bessere Empfehlungen an die Politik zu geben, wie das Bildungswesen in Europa verbessert werden kann. Dies ist von großer Bedeutung, da wir im „Zeitalter des Humankapitals" (Becker 2012, S. 3; in Hippe 2013a) leben und Versäumnisse in diesem Bereich sehr bedeutende langfristige wirtschaftliche und gesellschaftliche Folgen haben können.

Literatur

Acemoglu, D., Johnson, S., & Robinson, J.A. (2002). Reversal of fortune: Geography and institutions in the making of the modern world income distribution. *Quarterly Journal of Economics, 117*(4), 1231–94.

Acemoglu, D., Johnson, S., & Robinson, J.A. (2005). The rise of Europe: Atlantic trade, institutional change, and economic growth. *American Economic Review, 95*(3), 546–579.

A'Hearn, B., Baten, J., & Crayen, D. (2009). Quantifying quantitative literacy: Age heaping and the history of human capital. *The Journal of Economic History, 69*(3), 783–808.

Baten, J., & Hippe, R. (im erscheinen). Geography, land inequality and regional numeracy in Europe in historical perspective. *Journal of Economic Growth*.

Baten, J., & Juif, D. (2014). A story of large landowners and math skills: Inequality and human capital formation in long-run development, 1820–2000. *Journal of Comparative Economics, 42*(2), 375-401.

Baten, J., & Van Zanden, J.-L. (2008). Book production and the onset of modern economic growth. *Journal of Economic Growth, 13*, 217–235.

Becker, S. O., Cinnirella, F., & Woessmann, L. (2010). The trade-off between fertility and education: Evidence from before the demographic transition. *Journal of Economic Growth, 15*(3), 177–204.

Becker, S. O., & Cinnirella, F., & Woessmann, L. (2012). The effect of investment in children's education on fertility in 1816 Prussia. *Cliometrica, 6*(1), 29–44.

Becker, S. O., & Wößmann, L. (2009). Was weber wrong? A human capital history of protestant economic history. *Quarterly Journal of Economics, 124*(2), 531–596.

Bloom, D. E., Sachs, J. D., Collier, P., & Udry, C. (1998). Geography, demography, and economic growth in Africa. *Brookings Papers on Economic Activity, 2*, 207–295.

Buringh, E., & Van Zanden, J.-L. (2009). Charting the ‚Rise of the West': Manuscripts and printed books in Europe, a long-term perspective from the sixth through eighteenth centuries. *Journal of Economic History, 69*(2), 409–445.

Cipolla, C. M. (1969). *Literacy and development in the west*. Baltimore: Penguin Books.

Crayen, D., & Baten, J. (2010). Global trends in numeracy 1820–1949 and its implications for long-term growth. *Explorations in Economic History, 47*(1), 82–99.

Diamond, J. (1997). *Guns, germs and steel: The fates of human societies*. New York/London: W. W. Norton.

Diebolt, C. (2000). Die Erfassung der Bildungsinvestitionen im 19. und 20. Jahrhundert. *Zeitschrift für Erziehungswissenschaft, 3*(4), 517–538.

Diebolt, C. (2016). Cliometrica after 10 years: Definition and principles of cliometric research. *Cliometrica, 10*(1), 1–4.

Diebolt, C., & Haupert, M. (Hrsg.) (2016). *Handbook of cliometrics*. Berlin: Springer.

Diebolt, C., & Hippe, R. (2016a). Regional human capital inequality in Europe in the long run, 1850–2010. *BETA Working Papers* n° 33.

Diebolt, C., & Hippe, R. (2016b). Remoteness equals backwardness? human capital and market access in the European regions: Insights from the long run. *BETA Working Papers* n° 32.

Diebolt, C., & Hippe, R. (2017). Regional human capital inequality in Europe in the long run, 1850–2010, *Région & Développement*, im Erscheinen.

Diebolt, C., & Perrin, F. (2013). From stagnation to sustained growth: The role of female empowerment. *American Economic Review, 103*(3), 545–549.

Dittmar, J. E. (2011). Information technology and economic change: The impact of the printing press. *Quarterly Journal of Economics, 126*(3), 1133–1172.

Dittmar, J. E. (2012). *The welfare impact of a new good: The printed book*. Mimeo: American University.

Fettweis, E. (1923). *Die Ersten Anfänge des Zählens und Rechnens (Fingerrechnen). In: Wie Man Einstens Rechnete* (S. 7–10). Leipzig & Berlin: Vieweg + Teubner Verlag.

Fouquet, R., & Broadberry, S. (2015). Seven centuries of European economic growth and decline. *The Journal of Economic Perspectives, 29*(4), 227–244.

Galor, O. (2005). From stagnation to growth: Unified growth theory. In P. Aghion & S. N. Durlauf (Hrsg.), *Handbook of economic growth* (Vol. 1A, S. 171–293). Amsterdam: North Holland.
Galor, O. (2011). *Unified growth theory*. Princeton: Princeton University Press.
Galor, O. (2012). The demographic transition: Causes and consequences. *Cliometrica, 6*(1), 1–28.
Galor, O., & Moav, O. (2002). Natural selection and the origin of economic growth. *Quarterly Journal of Economics, 117*, 1133–1192.
Galor, O., & Weil, D.N. (2000). Population, technology and growth: From the Malthusian regime to the demographic transition. *American Economic Review, 90*(4), 806–828.
Galor, O., Moav, O., & Vollrath, D. (2009). Inequality in landownership, the emergence of human-capital promoting institutions, and the great divergence. *Review of Economic Studies, 76*, 143–179.
Hanushek, E. A., & Wößmann, L. (2016). Knowledge capital, growth, and the East Asian miracle. *Science, 351*(6271), 344–345.
Harper, D. A. (2008). A bioeconomic study of numeracy and economic calculation. *Journal of Bioeconomics, 10*, 101–126.
Hippe, R. (2012). How to measure human capital? The relationship between numeracy and literacy. *Economies et Sociétés, 45*(8), 1527–1554
Hippe, R. (2013a). *Human capital formation in Europe at the regional level – Implications for economic growth*. PhD thesis, University of Tübingen & University of Strasbourg.
Hippe, R. (2013b). Spatial clustering of human capital in the European regions. *Economies et sociétés, 7*, 1077–1104.
Hippe, R. (2013c). Are you NUTS? The long-run evolution of the factors of production in Europe. *Historical Social Research, 38*(2), 324–348.
Hippe, R. (2014). Human capital and economic growth: Theory and quantification. *Economies et sociétés*, AF, *49*(8), 1233–1267.
Hippe, R. (2015). Why did the knowledge transition occur in the West and not in the East? ICT and the role of governments in Europe, East Asia and the Muslim world. *Economics and Business Review, 1*(1), 9–33.
Hippe, R., & Baten, J. (2012). Regional inequality in human capital formation in Europe, 1790–1880. *Scandinavian Economic History Review, 60*(3), 254–289.
Hippe, R., & Fouquet, R. (2015). The human capital transition and the role of policy. *GRI Working Paper* 185.
Hippe, R., & Perrin, F. (2017). Gender equality in human capital and fertility in the European regions in the past. *Investigaciones de Historia Economica-Economic History Research*, im Erscheinen.
Houston, R. A. (2001). Literacy. In P. N. Stearns (Hrsg.), *Encyclopedia of European social history*, 5. (S. 391–142). Detroit: Charles Scribner's Sons.
Lagerlöf, N.-P. (2006). The galor–weil model revisited: A quantitative exercise. *Review of Economic Dynamics, 9*(1), 116–142.
López-Rodríguez, J., Faíña, J.A., & López-Rodríguez, J. (2007). Human capital accumulation and geography: Empirical evidence from the European Union. *Regional Studies, 41*(2), 217–234.
Manaster Ramer, A., Michalove, P.A., Baertsch, K.S., & Adams, K.L. (1998). Exploring the nostratic hypothesis. In J. C., Salmons & B. D. Joseph (Hrsg.), *Nostratic: Sifting the evidence* (S. 61–84). Amsterdam: John Benjamins Publishing Company.
Pomeranz, K. (2000). *The great divergence. China, Europe and the making of the modern world economy*. Princeton: Princeton University Press.
Redding, S., & Schott, P. (2003). Distance, skill deepening and development: Will peripheral countries ever get rich? *Journal of Development Economics, 72*(2), 515–541.
Ries, A. (1976). *Rechnung nach der lenge auff den Linihen vnd Federn: Darzu forteil vnd behendigkeit durch die Proportiones, Practica genannt. Mit grüntlichem vnterricht des visierens*. Berwalt.
Snowdon, B. (2008). Towards a unified theory of economic growth. Oded galor on the transition from malthusian stagnation to modern economic growth. *World Economics, 9*(2), 97–151.
Weber, M. (2010). *Die protestantische Ethik und der Geist des Kapitalismus*. München: CH Beck.
Winter, W. (1992). Some thoughts about Indo-European numerals. In J. Gvozdanovic (Hrsg.), *Indo-European numerals* (S. 11–28) Berlin: Mouton De Gruyter.

Kapitel 10
Fazit

Zusammenfassung Zum Schluss wird die Bildungsökonomie anhand von Überlegungen zur Katastrophentheorie in einem neuen Blickwinkel betrachtet.

Der Historiker kann nur amüsiert sein über die Modeerscheinungen im Forschungsbereich Wissen. Man entdeckt die Bedeutung eines Konzepts, einer bestimmten Herangehensweise an ein Problem. Die wissenschaftliche Öffentlichkeit gerät bei diesen Neuentwicklungen in Begeisterung. Man feiert das Genie der neuen Päpste. Aber schnell fällt das Dogma ihrer Unfehlbarkeit. Die schwierigen Fragen bleiben offen – auch wenn sicherlich kurzfristigere gelöst werden.

In Bezug auf die Bildungsökonomie ist es ebenfalls berechtigt, diese Fragen zu stellen. Handelt es sich zunächst um eine eigene Disziplin? Hat sie eine Zukunft? Ohne abschließende Antworten zu diesen wichtigen Fragen zu liefern hoffen wir doch, dass dieses zusammenfassende Buch an der Ausarbeitung neuer Verbindungen, an der Formulierung von Theorien neuer Gattung, teilnehmen wird.

Die Katastrophentheorie, zum Beispiel, stellt eine originelle Weise dar, über die Entwicklung der Hochschule und ihre Beziehung zum Wirtschaftswachstum nachzudenken; Veränderungen im Gang der Ereignisse, Veränderungen der Form des Objekts, Veränderungen im Verhalten eines Systems, Veränderungen der Ideen. Ihr Name legt die Idee des Desasters nahe – die Theorie kann im Übrigen auf Katastrophen im wörtlichen Sinne übertragen werden; wie zum Beispiel dem Fall eines Imperiums, oder dem Verschwinden eines Bildungssystems. Aber sie behandelt ebenso friedliche Veränderungen wie das Glitzern der Sonnenstrahlen auf der Beckenoberfläche und so subtile Veränderungen wie den Übergang vom Wach- zum Schlafzustand. Ihre Originalität besteht nicht in der Erklärung von etwas, sondern in einer neuen Art der Definition und der Analyse der Veränderung der Bewegungen. Statt der geraden Linien behandelt die Katastrophentheorie aus allen denkbaren Formen die abstrakten und multidimensionalen Formen. Die Differentialtopologie ist ein solch spezialisierter Bereich, der diese Formen mit den aus der Berechnung erhaltenen Elementen zur Behandlung der Stabilitäts- und Transformationsfragen verbindet.

Auf die Bildungsökonomie übertragen, bringt uns die Analyse der Katastrophentheorie zum Gedanken, dass Bildungsdynamik Ähnlichkeiten mit der Erklärung von Rissen in einer alten Mauer aufweist. Letztere erscheinen als Effekt verschiedener Faktoren: Die variable Belastbarkeit der Ziegelsteine und des Zements in verschiedenen Ecken, die Veränderungen der Luftfeuchtigkeit, die Festigkeit des Bodens unter der Mauer. Zusammen produzieren diese Faktoren einen Druck, der über die Jahre mit einer solchen Komplexität interagiert, dass es unmöglich wäre, selbst wenn man die präzisesten Messungen vornehmen und die leistungsstärksten Computer verwenden würde, eine andere Mauer zu beobachten und zu sagen: Die Risse eines solchen und solchen Ausmaßes werden genau hier, hier und hier, zu den folgenden Zeitpunkten, usw., erscheinen … Dennoch haben die Risse, wo sie denn auftreten, die Tendenz, sich zueinander auszubreiten, typische Netzwerke und spezifische Schnittstellenarten zu bilden. Der Ort, die Größe und das Erscheinungsdatum der Risse (ihre quantitativen Kennzeichen) entgehen der Berechnung, aber ihre Wachstumsbahn und die Topologie ihrer Schnittstellen (die qualitativen Kennzeichen) kehren auf identische Weise wieder. Die Bahnen der Bildungssysteme scheinen ähnlichen Entwicklungen zu folgen.

All dies ist aber nur der Anfang eines riesigen und kaum umrissenen Forschungsprogramms.

The manufacturer's authorised representative in the EU is Springer Nature Customer Service Centre GmbH, Europaplatz 3, 69115 Heidelberg, Germany. If you have any concerns regarding our products, please contact ProductSafety@springernature.com

Printed and bound by CPI Group (UK) Ltd, Croydon, CR0 4YY

25/03/2026

02078214-0009